COLLECTION MICHEL LÉVY
— 1 franc le volume —
1 franc 25 centimes à l'étranger

ALPHONSE KARR

PROMENADES
HORS
DE MON JARDIN

PARIS
MICHEL LÉVY FRÈRES, LIBRAIRES-ÉDITEURS
RUE VIVIENNE, 2 BIS
1856

PROMENADES
HORS DE MON JARDIN

CORBEIL, typogr. et stér. de CRÉTÉ.

PROMENADES
HORS DE MON JARDIN

PAR

ALPHONSE KARR

PARIS

MICHEL LÉVY FRÈRES, LIBRAIRES-ÉDITEURS,

RUE VIVIENNE, 2 BIS

—

1856

Droits de traduction et de reproduction réservés.

PROMENADES
HORS DE MON JARDIN

I

A LÉON GATAYES

Tu n'es pas du tout l'ami qu'un littérateur qui sait un peu son métier choisit pour lui adresser des lettres imprimées.

L'ami auquel on assigne ce rôle d'ordinaire est quelque chose comme un confident de tragédie, — un compère, — le Cassandre de la pantomime qui reçoit tous les coups sans en rendre aucun. — Il est nécessaire qu'il puisse faire un contraste frappant, sinon avec le caractère de l'écrivain, du moins avec celui que l'écrivain a l'intention de montrer. Il faut qu'on puisse dire à cet ami : — « Tandis que, plus prudent que moi, vous restez sur l'asphalte des boulevards, moi je lutte avec les colères bleues de la Méditerranée. »

Et encore : « Tandis que, plus sage que moi, vous vous

occupez d'acquérir la fortune, et ce qu'on est convenu d'appeler les honneurs, même quand on le paye du prix de l'honneur ; — tandis que vous vous mêlez aux petits intérêts du moment, moi, n'obéissant qu'à la fantaisie, etc. »

Je me ferais rire au nez, si je te donnais à sucer ces pralines dont l'amande est amère.

Je t'adresse cette lettre, comme dernièrement je t'envoyais des galets de marbre arrondis que j'avais choisis pour toi dans les eaux limpides de la Méditerranée.

Ces lettres ne contiendront pas le récit méthodique d'un voyage, — elles ne renfermeront que les pensées, les rêveries, les observations d'un homme qui n'aime pas les voyages, et qui est parti seulement pour être ailleurs. — Les lecteurs n'ont pas à redouter de ce pays dangereux, sous ce rapport, trop de tableaux et trop de monuments. — Je n'ai pas besoin pour moi que, sous prétexte d'art, l'on me copie, me rapetisse, et m'amoindrisse les œuvres de Dieu pour les mettre à la portée de ma vue, de mon esprit et de mon admiration ; — grâce à la Providence, je préfère les arbres tremblants sous le vent aux arbres fixés sur la toile, — les montagnes aux palais, les feuilles d'acanthe vertes et vivantes sur les bords des chemins à l'imitation en pierre de ces feuilles en chapiteau des colonnes corinthiennes ; — j'aime mieux le cheval sarde qui m'emporte en hennissant à travers les vallées que le cheval de bronze qui, une jambe en l'air, sur la place des Victoires, porte depuis si longtemps Louis XIV habillé en Romain, comme un thème; — je préfère les femmes aux statues, et le soleil du bon Dieu au soleil du Poussin.

Si j'aime les peintres et les sculpteurs, — ce n'est pas pour ce qu'ils font; — c'est à cause de ce qu'ils aiment, de ce qu'ils admirent, de ce qu'ils regardent infatigablement comme moi; — c'est parce qu'ils sont de ceux que Dieu met dans le secret de la nature et auxquels il donne gratis entrée au spectacle de ces splendeurs.

Pendant quelque temps, l'exercice de certaines libertés semblant devoir être restreint, je m'en vais à l'écart laisser passer ce temps, comme pendant un orage subit, on se met sous une porte pour laisser tomber la pluie.

La liberté ressemble à ces beaux cactus, qui, dit-on, ne fleurissent que tous les cent ans, mais qui, en réalité, sont souvent plusieurs années sans étaler au soleil leur splendide corolle de pourpre.

Je n'ai pas la sagesse d'Aristippe, qui, selon Horace, s'arrange de toute chose, de tout état et de toute couleur.

Omnis Aristippum decuit color, et status, et res.

Je n'ai pas non plus ce bonheur des gens dont les convictions se transforment juste au moment où elles nuiraient à leurs intérêts. Je n'ai donc pas changé d'idées à propos des voyages, j'ai au contraire mis en pratique un des aphorismes que j'ai écrits il y a longtemps sur ce sujet : « Un voyage prouve moins de désirs pour ce que l'on va voir que d'ennui de ce que l'on quitte. »

Ceci dit, j'entre en matière au hasard des voitures, des bateaux et de mes souvenirs.

Jusqu'à Avignon, je ne faisais que m'en aller. — Là, mon attention a été forcée par des portefaix qui soutenaient des actes douteux à l'aide de sauvages clameurs.

Je m'étais arrangé avec un de MM. les portefaix, — à des conditions assez onéreuses, il est vrai, mais c'était déjà beaucoup d'avoir fait un arrangement quelconque entre deux hommes discutant des intérêts contraires, chacun dans une langue que l'autre ne comprenait pas, — si toutefois on peut appeler une langue ce qui se parle à Avignon. — Sur un signal de celui-là, une douzaine d'autres officieux se jetèrent sur nos bagages, ayant soin de les diviser à l'infini. — Le prix convenu est une somme par chaque colis; — or, un portefaix ne porte pas deux cannes liées ensemble : — il coupe la corde et appelle un camarade auquel il livre la seconde canne. — Vous êtes trop heureux quand il jette à l'eau la corde qui les attachait au lieu d'en faire un troisième colis, — et il faut s'opposer à ce qu'ils tirent votre chapeau du carton qui le renferme pour le diviser en deux colis. — Je suis convaincu qu'il ne doit pas être sans exemple que, pour arriver à ce résultat, de multiplier les colis, — ils cassent en deux ou en trois morceaux certains objets appartenant à un voyageur dont les bagages ne leur sembleraient pas assez nombreux.

Il paraît que les maîtres d'auberge ont l'habitude de donner une prime à ceux qui leur amènent des voyageurs; — or, on ne peut conduire un voyageur dans plusieurs hôtels à la fois, surtout malgré lui, — mais si vous avez quatre malles, par exemple, on les divise entre quatre auberges, — de sorte que le temps de votre séjour à Avignon se trouve suffisamment occupé par le soin de réunir vos nippes errantes et dispersées. — Cela nuit aux monuments.

Je m'adressai avec quelque mauvaise humeur à mon portefaix, et je lui expliquai de mon mieux que je le rendais responsable de mes colis ; — il me répondit qu'il allait me donner un coup de couteau. Heureusement que j'avais appris l'année dernière le *fond* des langues du Midi, et voici comment.

J'avais trouvé un jeune Italien, Napolitain, je crois, — un peu poëte, un peu musicien, mais extrêmement lazzarone et tout à fait incapable de gagner du pain français. Avec deux sous de macaroni on passe vingt-quatre heures à Naples ; mais à Paris, pour manger du pain, il faut avoir un habit noir, des bottes vernies, un lorgnon, des gants couleur de paille, car ces choses passent avant le pain. — Je l'aidai de mon petit mieux. Puis je fus obligé de partir. Il m'écrivit qu'il avait fait de la musique, qu'il voulait avoir l'opinion d'un maître avant de se lancer dans cette carrière où l'appelait son génie, — et que le vendredi suivant, à midi, il se tuerait, si je ne lui avais pas procuré à Paris un entretien avec M. Halévy. C'était le mardi que cette lettre m'arrivait, — je ne respirai qu'après avoir calculé sur mes doigts que ma réponse avait le temps de parvenir. — Je pris sur moi de promettre d'avance un bon accueil de la part d'Halévy, sans perdre de temps à aller le lui demander, — ce que je fis seulement après le départ de ma lettre. Puis se passa trois semaines sans que j'entendisse parler du jeune homme. — J'avais appris qu'à la réception de ma lettre, il avait quitté la ville de ***. J'allai chez Halévy, il ne l'avait pas vu non plus. — Je m'inquiétai : lui était-il arrivé quelque malheur? S'était-il mêlé dans quelque affaire désagréable à la police? — Je payai des gens pour le découvrir à Paris. — Tout fut inutile. Un jour je le rencontrai dans la rue, il était comme d'habitude, fort sautillant.

— Depuis quand êtes-vous à Paris?

— Je suis parti le lendemain du jour où j'ai reçu votre lettre.

— Il ne vous est rien arrivé

— Non, j'allais aller vous voir.

— Vous n'avez pas vu M. Halévy?

— Non, je n'ai pas eu le temps... j'ai rencontré des amis.

— Très-bien! je vais aller présenter mes excuses à M. Halévy.

— J'ai beaucoup à vous remercier...

— Pas de phrases... C'est moi au contraire qui vous suis redevable. Vous m'avez appris le fond de la langue italienne. — Quand on me dira : « Je me tuerai à midi si je n'ai pas obtenu une entrevue avec M. Halévy, » — je saurai que ça veut dire : « J'aimerais assez voir M. Halévy, » — et alors, comprenant mieux, je ne le dérangerai pas.

Donc, connaissant le fond de la langue, je compris que

par ces mots : « Je vais vous donner un coup de couteau, » le seigneur portefaix voulait simplement exprimer cette idée naturelle qu'il aimerait mieux que je le laissasse tranquille. — Je cherchai autour de moi s'il y avait à la gare du bateau quelque agent de la police : — il n'y avait personne. — J'en tirai la conséquence que la police abandonnait avec confiance aux voyageurs le soin de leurs propres affaires. — Je confisquai donc mon portefaix, et le déclarai mon prisonnier jusqu'à ce que mes colis fussent réunis devant moi. — Après quelque résistance, il se résigna, fit entendre des bruits aigres et rauques que les autres eurent l'air de comprendre, et un quart d'heure après, j'étais rentré en possession de mes hardes et équipements, ce qui me donna à penser que les assassins du maréchal Brune avaient dû se mettre plusieurs pour faire leur abominable coup en 1815.

Il y a des auberges où l'on fait entrer dans les attraits capables de séduire les voyageurs — qu'un grand crime y a été commis. — Le beurre y est plus cher, — mais on y voit la chambre.

Il me vint à l'esprit que, si j'étais Avignonnais, j'aurais la pensée que voici :

En ce moment, toute ville qui a donné naissance à un homme célèbre lui élève une statue. On a l'air, en France, de penser que le temps des grandes choses et des grands hommes est fini, que le règne des intérêts matériels est définitivement commencé, et qu'on peut liquider son admiration.

Eh bien ! si j'étais Avignonnais, je proposerais à ma

ville natale de faire une souscription pour acheter l'auberge où s'est passé l'horrible drame dont nous parlions. — Ce serait un monument négatif, mais qui ne nuirait nullement à la considération de ladite ville d'Avignon.

Je voulus cependant voir quelque chose, et je sortis. — Une douzaine de guides et de cicerones m'entourèrent, et se disputèrent l'honneur de me conduire. — Un d'eux, un enfant d'une quinzaine d'années, avait l'air si malheureux, le visage si pâle et si décharné, qu'il me faisait penser à ce cheval d'un avare qui mourut au moment où il commençait à s'habituer à ne plus manger. — Le pauvre diable joignait à son triste extérieur des prières si ardentes, des lamentations si tristes, que je chassai les autres et lui fis signe de me conduire. — Il se redressa alors comme Sixte-Quint ; — il n'était plus triste, il n'était plus efféminé, je crois même qu'il n'était plus maigre ; — Il se tourna vers ses concurrents, appuya sur son nez le pouce de sa main droite, et fit prestement tourner le reste de sa main ouverte comme un éventail ; je compris facilement ce geste, familier aux gamins de Paris.

Je n'abuserai pas des avantages de ma situation pour décrire ici le palais des papes, le pont de fer, la cathédrale, le nouveau théâtre, etc. — Je veux bien ne pas copier dans les livres que la ville d'Avignon fut fondée par les Phocéens de Marseille, 539 ans avant J.-C. ; — qu'elle fit longtemps partie de la Gaule narbonnaise ; — que Gondebaud, roi de Bourgogne, s'en empara au cinquième siècle, etc. ; que c'est en 1309 que Clément V fit d'Avignon la résidence des papes ; etc., etc., etc.

Je ne parlerai que de la statue de Jean Halphen, inventeur de la teinture au moyen de la garance. — Quoique cette découverte soit légèrement entachée de spéculation commerciale, ce n'en est pas moins le premier exemple d'une réaction raisonnable.

Assez et trop longtemps les hommes ont surtout accordé leur admiration et élevé des statues à ceux qui leur faisaient du mal, — aux fléaux que la Providence a mis de temps en temps sur la terre, comme elle met des brochets dans les étangs et des reginus dans la mer pour empêcher la trop grande multiplication. Je veux parler des conquérants, des Tamerlans, de ces hommes dont la gloire consistait en ceci : — Avoir fait tuer énormément de leurs compatriotes, mais avoir fait tuer encore plus d'hommes d'un autre pays.

Il serait beau de voir élever des statues aux vrais bienfaiteurs de l'humanité, à ceux qui ont doté le monde d'une invention utile. Ce serait moins cher, et plus raisonnable. Pourquoi ne pas élever une statue à l'inventeur de la poulie, — à l'inventeur de la scie, — à l'inventeur du cabestan, — à celui qui a importé tel fruit ou tel légume, etc. ? — Mais on n'a gardé de ces hommes ni le souvenir de leur nom, ni le souvenir de leur visage, — et on n'a pas oublié les moindres Alexandre, et on leur pardonnait d'avoir ruiné leur Macédoine, s'ils peuvent prouver qu'ils avaient bien plus ruiné l'Asie; on imitait en cela cet envieux qui disait à Jupiter : « Je consens à devenir borgne, pourvu que mon voisin perde les deux yeux. »

Est-ce que cela console une mère qui pleure son fils

tué, de penser qu'il y a une autre mère qui a perdu deux fils? Est-ce que le laboureur dont le champ a été ravagé, trouvera une compensation dans l'idée qu'à deux cents lieues de là, on a ravagé les champs de deux laboureurs — est-ce que cela fera jaunir le blé dans ses sillons en friche, qu'il y ait des sillons en friche dans un autre pays?

Et cependant, voilà sur quoi s'est fondée jadis la gloire des conquérants : — je vous ai surchargés d'impôts, j'ai fait de vos champs le tapis vert où je jouais vos fils ; — mais la bataille est finie, — voici les cadavres amoncelés en deux tas, quel est le plus gros?

— Eh! eh! — c'est difficile à dire à la vue simple, — il y a de la pige, comme disent les gamins, — il faut compter.

Le tas des cadavres de ceux-ci se compose de huit mille cadavres hachés, mutilés, — huit mille familles en deuil, — mères sans fils, — fiancées sans promis, — enfants sans pères, — ça a l'air triste au premier coup d'œil. — Mais comptez l'autre tas : il y en a huit mille quatre cents. — Quel bonheur! quelle gloire! et les nations reconnaissantes élevaient des statues de marbre, de bronze, de pierre, de fer-blanc, de sucre candi et de chocolat, pour perpétuer le souvenir de cette généreuse supériorité.

A ce sujet, il me vient une idée. — Il est d'usage immémorial chez tous les peuples de frapper sur les monnaies la portraicture du prince régnant, — portraicture un peu arrangée, car souvent une reproduction trop exacte eût pu nuire aux sentiments d'adoration qu'il était utile que ces profils augustes inspirassent aux populations. — Rien de mieux ; mais cela ne fait-il pas beaucoup de portraits? Cela me rappelle un placet en vers adressé à Louis XIV par un pauvre diable qui, après avoir énuméré sous combien de formes les arts reproduisaient le visage du roi, finissait par dire, par allusion aux monnaies :

Ton image est partout..... excepté dans ma poche.

Que l'empreinte des rois se vît sur les monnaies frappées lors de leur avénement, — cela servirait à en fixer la date, et pourrait suffire au désir présumé des peuples de posséder le portrait de leur souverain. Mais il faudrait aussi que chaque année un jury proclamât l'événement utile, l'invention précieuse, — le chef-d'œuvre de l'année ; — que l'on enlevât toute influence à la politique sur cette décision, — et que la monnaie frappée cette année-là allât raconter par tout l'univers, aux hommes d'aujourd'hui et aux hommes de l'avenir, le service rendu à l'humanité, le chef-d'œuvre apparu.

Par exemple, ne serait-il pas très-intéressant aujourd'hui, dût-on n'avoir qu'à quelques millions d'exemplaires le portrait des divers souverains qui, à divers titres, ont régné sur la France, de trouver sur la monnaie courante la date des grands événements de notre histoire, des progrès de la science, des découvertes, etc., et la figure des grands hommes que la postérité met souvent au-dessus des rois ? — Je sais bien que de temps en temps on frappe une médaille, — mais, outre que la politique seule décide presque toujours du sujet qu'elles représentent, elles restent en petit nombre enfoncées dans les cabinets des curieux, — tandis que la monnaie usuelle se mêle à toutes les transactions, aux incidents quotidiens de la vie.

Ainsi, notamment, pendant le règne de Richelieu, sous le pseudonyme de Louis XIII, n'y a-t-il pas eu quelques instants où on aurait pu suspendre la représentation de ce *roi de paille*, — pour livrer à la circulation quelques autres figures et quelques événements? — On ne serait pas fâché, aujourd'hui, que les monnaies frappées vers 1634 rappelassent le visage d'Armand Duplessis, cardinal de Richelieu.

Ainsi encore, — au moment où Louis XIII laissait couper la tête au duc de Montmorency, — on aurait pu, sur les monnaies, remplacer momentanément son effigie par celle du grand Corneille, avec la date de la première représentation du *Cid*.

En 1624, Richelieu faisait décapiter de Thou et Cinq-Mars. — Eh bien ! il me semble que c'était un souvenir moins glorieux à propager que le visage du sculpteur Puget, et la date de la naissance de son beau groupe de Milon.

Prenons un peu le règne de Louis XIV, dit le Grand. — Eh bien ! pendant ce long règne, les monnaies n'ont pas exhibé d'autre portrait que celui de ce roi avec le soleil pour envers.

N'aurait-on pas pu profiter des époques un peu moins

glorieuses que les autres, pour consacrer la mémoire d'autres visages et d'autres événements ? — Pendant que la régente Anne d'Autriche assiégeait Paris pour imposer Mazarin, on aurait pu sans inconvénient frapper le portrait de Pascal, qui inventa la brouette avant d'écrire les *Provinciales*.

En 1650, pendant que Mazarin mettait Condé à Vincennes, n'aurait-il pas pu confier à quelques pièces de monnaie le portrait de Lesueur, qui peignait alors la vie de saint Bruno ?

A la même date, on faisait la paix d'Aix-la-Chapelle, par laquelle on abandonnait la Franche-Comté, et on jouait le *Tartuffe*. — Il me semble qu'à ce moment, le visage de Molière était plus intéressant pour la postérité que le visage de Louis XIV, et qu'il y avait plus de gloire à faire le *Tartuffe* qu'à faire la paix.

Au moment où la flotte française était presque détruite à la bataille de la Hogue, — Papin inventait l'emploi de la vapeur. On aimerait assez à voir la figure de Papin sur quelques louis de cette époque.

La révocation de l'édit de Nantes coïncide avec la publication des *Caractères* de Labruyère. — On aurait pu, à ce moment, se contenter du nombre de portraits de Louis XIV alors en circulation, et éditer celui de Labruyère.

Passons à Louis XV ; — cherchons tous les moments où la figure du roi a le moins d'intérêt et où, à la même date, elle peut être remplacée par un souvenir glorieux pour la France. — En 1746, le maréchal de Maillebois, perd la bataille de Plaisance et les Français repassent les Alpes. — Cette même année, Voltaire, repoussé deux fois, entre à l'Académie française. Ce n'est pas seulement à cette date que Voltaire, dans l'histoire de France et dans l'histoire plus grande de l'esprit humain, pèse d'un autre poids que Louis XV ; mais enfin nous voulons bien profiter de cette lacune.

Nous trouvons à une même date la seconde paix d'Aix-la-Chapelle, par laquelle la France rend toutes ses conquêtes, et l'apparition de l'*Esprit des lois*, de Montesquieu. — Certes, le second événement est plus important et plus glorieux à fixer dans les souvenirs que le premier, — et la figure de Montesquieu remplacerait aussi bien, du moins pour ce moment, celle de Louis XV sur les louis à la croix de Malte de l'époque.

En 1756 commence la triste guerre de Sept ans et paraît le *Contrat social*, de J.-J. Rousseau. — Allons, Majesté, on a déjà beaucoup de votre portrait, laissez frapper celui du citoyen de Genève. On préfère vous attendre à l'année 1763, où vous abandonnerez le Canada aux Anglais et où Jean-Jacques publiera l'*Émile*.

En 1757 on perd la bataille de Rosbach, — et Diderot publie l'*Encyclopédie* et le *Père de famille*. — Conservons un peu la figure de Diderot.

Croyez-vous que pendant le scandale de la fin de ce règne et la ruine de la France, on ne trouverait pas un certain nombre de visages plus agréables et plus glorieux que celui du *Bien-Aimé ?* — Je passerai vite sur le règne de Louis XVI : — sa mort plus que sa vie impose le respect ; — mais enfin, lorsque les frères Montgolfier inventaient l'aérostat — et les frères Chappe le télégraphe ; — lorsque Bernardin de Saint-Pierre publiait *Paul et Virginie*, — la cour inventait la *couleur puce* et la *couleur des cheveux de la reine*. — Les visages de Bernardin de Saint-Pierre, des frères Chappe et des frères Montgolfier n'auraient pas déparé quelques écus de six livres. — Passons.

Je ne m'étendrai pas sur le règne de Napoléon, un des plus remplis de notre histoire. Et cependant, malgré la gloire militaire et malgré les institutions civiles, gloire moins commune encore et moins coûteuse, il s'est bien trouvé quelques intervalles où les actes du premier consul et de l'empereur n'étaient pas peut-être les actes les plus intéressants pour la postérité.

Ainsi, lorsqu'en 1807 Napoléon rétablissait une noblesse héréditaire, madame de Staël publiait *Corinne*.

Sous Louis XVIII, sous Charles X, sous Louis-Philippe, croyez-vous que ce soit toujours la figure de ces rois qui ait été la chose la plus intéressante pour l'avenir ? D'ailleurs, je ne propose pas de supprimer l'effigie des princes. Seulement il n'est pas nécessaire qu'on ne voie que leur visage sur les pièces de monnaie formant la valeur des deux milliards deux cents millions qui circulent en France. N'aurait-on pas trouvé un moment pour intercaler la figure de Lamartine, de Victor Hugo, celle d'Arago, celle de Daguerre ? Il y a bien eu un jour où ces rois n'ont rien fait qui valût les *Méditations* ou l'*Annuaire du bureau des longitudes*, ou le daguerréotype.

Un philosophe a dit : « Je laisse cent ans entre les faits et l'histoire. Je ne veux pas parler des choses contemporaines. » Ce philosophe voulait que l'histoire ne pût rien craindre ni rien espérer de ceux dont il avait à parler. — On demandait une histoire de Russie à Voltaire. — « Allons donc ! disait-il ; une histoire de Russie par moi ! J'ai reçu trop de fourrures de Catherine le Grand. »

Je ne conteste la gloire de personne, — mais enfin, dans le plus glorieux règne, sous Louis XIV comme sous Napoléon, il y a des moments qui restent dans l'ombre, précisément à cause de l'éclat des autres ; — il y a la misère des grandes choses ; — il y a des jours où, par une coïncidence imprévue, tel fait non politique a plus d'importance que les actes du gouvernement même, — si ces jours-là, obéissant à son dévouement pour le pays, il s'occupe justement de détails utiles, mais sans éclat. — Ainsi, je ne sais pas ce que le gouvernement faisait le jour où la France perdait Balzac et Pradier. — Or, en ce même moment, on frappait beaucoup de pièces d'or, et on refondait les sols. — Eh bien ! ce que la postérité voudra savoir, ce sera la date de la mort de Balzac et de Pradier. Il sera regrettable qu'elle ne la trouve pas sur les monnaies, avec l'effigie de ces deux défunts qui sont au premier rang des gloires de la France : — le Molière et le Praxitèle de ce temps-ci.

II

A ALPHONSE DE LAMARTINE

> Dieu se lève, et soudain sa voix terrible appelle
> Un de ces esprits purs qui sont chargés par lui
> De servir aux humains de conseil et d'appui.
> (*Méditations*.)

Vers la fin de 1847, le soir, dans un coin obscur du grand salon qu'avait alors Victor Hugo, sur la place Royale, je me trouvais seul auprès de vous. Vous finissiez ce beau livre des *Girondins*, et voyant se développer devant votre génie les horizons de l'histoire, vous sembliez dédaigner cette muse qui habite le bord des lacs et sur la lisière des bois où fleurit le genêt sauvage. L'histoire, en effet, offre un beau rôle au poëte : semblable à Rhadamanthe, juger les grands morts, faire une nouvelle et plus équitable distribution des couronnes, les enlever parfois au front vide de ceux qui ont été inutilement puissants, et en décorer les fronts pâlis de ceux qui ont payé les peines de leur génie, de leurs vertus et de leur dévouement à la patrie, à la justice, à l'humanité et au bon sens.

Presque arrivé à ce point où, comme vous le dites dans les *Méditations,*

> ... Est la borne qui partage
> Ce douloureux pèlerinage,

mais ayant encore quelques pas à faire pour atteindre le haut de la colline d'où l'on voit tout, vous sentiez votre âme frissonner d'aise en touchant ce sommet où le vulgaire ne trouve que le vertige et où le génie se sent revenu dans sa patrie, — de même que l'habile nageur se sent mieux soutenu sur les grands fonds de la mer, où se noie le nageur timide, qu'au bord des plages, où celui-ci barbote avec sécurité.

Depuis plusieurs années déjà, vous étiez entré dans la vie politique.

La Vérité est nue, dit-on, parce qu'elle ne permet pas à tout le monde de la vêtir, parce que chaque siècle ne produit qu'un très-petit nombre de ces esprits qui savent la parer sans la voiler, l'habiller sans la déguiser, et qu'elle ne veut pas accepter les modes. — Vous êtes un de ceux qu'elle attend. Chaque fois que votre voix éloquente s'élevait dans les assemblées, — il se faisait un grand tumulte. — Quel est cet homme? disait la foule des Pharisiens, — qui veut toujours sortir des questions par en haut, — qui met la probité, l'honneur, la justice au-dessus de la richesse, de la gloire et de la puissance? — Ça n'est pas *un homme pratique.* — On ne peut avec de pareilles idées faire ses affaires. — Holà! poëte, retournez à votre lyre, et chantez-nous quelqu'une de ces chan-

sons que vous passez pour chanter si bien. — Hors d'ici
les rêveurs, les enthousiastes et les poëtes!

Ennuyé de ces glapissements, vous dites alors :

> Il est un âge où de la lyre
> L'âme ainsi semble s'endormir,
> Ou du poétique délire
> Le souffle harmonieux expire
> Dans le sein qu'il faisait frémir.
> L'oiseau qui charme le bocage,
> Hélas ! ne chante pas toujours :
> A midi, caché sous l'ombrage,
> Il n'enchante de son ramage
> Que l'aube et le déclin des jours.

Ce soir-là, cependant, par les transitions invisibles de la conversation, nous en vînmes à parler d'un sujet que j'abordai avec satisfaction. — Nous commencions un chemin sur lequel je pouvais marcher avec vous d'un pas égal, — *passibus œquis*, — la retraite, la campagne, — les arbres, ces grands précepteurs de l'âme, — les ondes murmurantes, ces douces endormeuses des douleurs, — et vous me dites : Que faites-vous en Normandie? Est-ce que c'est un beau pays ? Je découvris alors que dans vos nombreux voyages, vous aviez toujours été au-devant du soleil, et que vous ne connaissiez pas la Normandie. — Je croyais alors y avoir construit mon nid pour toujours; je m'y étais fait une retraite, — petite, modeste, humble. — J'y avais rassemblé, comme ferait un pirate, les richesses du monde entier : — toutes les fleurs et tous les parfums; — les chèvrefeuilles, les rosiers, les jasmins, s'y entrelaçaient comme des ronces et s'y disputaient le terrain; les oiseaux l'avaient adopté et le remplissaient d'harmonie. — Il fut convenu alors qu'au printemps suivant, j'aurais l'honneur de vous présenter la Normandie.

Au printemps suivant vous étiez en train d'acquérir, à force de dévouement et de courage, l'ingratitude de la France.

Là l'envie étouffa ta gloire,
Là ta vertu fit des ingrats.

Et moi — j'ai tout quitté.

Insere, Daphni, pyros, carpent tua poma....

D'autres cueillent les roses que j'ai greffées.

J'ai quitté la Normandie, et je me suis réfugié dans cette Italie que vous aimez et que vous avez si souvent chantée,

Où l'oranger fleurit sous un ciel toujours pur.

Je devais vous promener en Normandie; je me fais promener par vous en Italie, où vous êtes représenté par vos livres que j'ai emportés.

Je vous adresse une des lettres d'ici, — non que j'aie l'intention de vous rien apprendre sur l'Italie, où, du reste, cette lettre ne me conduit pas encore, — mais parce que cela me plaît et me console de mettre en haut d'une page le nom d'un des amis dont mon cœur garde le plus précieusement la mémoire, et parce que aussi, quand j'écris en France, je n'écris pas à tout le monde, et veux savoir à qui je parle.

Permettez-moi donc, mon illustre ami, de vous adresser une de ces lettres où je raconte, comme si je causais, — ce que je vois, ce que je pense pendant cette absence.

Comme je glissais en chemin de fer d'Avignon à Marseille, je traversai des plaines immenses où l'on avait lâché quelques moutons. Ces plaines sont couvertes de pierres. De quatre en quatre pas s'élève et s'élève très-peu une maigre touffe d'herbe, de thym ou de serpolet. Il est impossible qu'un mouton déjeune un peu raisonnablement sans faire ses cinq ou six lieues. — Mais comme un pareil déjeuner doit ouvrir l'appétit et donner envie de dîner !

Un de mes compagnons de voyage me demanda avec un accent loyalement prononcé si j'allais jusqu'à Marseille. Sur ma réponse affirmative, il se mit à me parler de Marseille. — C'est la nouvelle Athènes, me dit-il ; nous avons une académie, un musée, un cabinet d'antiquités, des manuscrits pas du tout curieux, mais en très-grand nombre. Je vous avouerai, me dit-il au bout d'une demi-heure, que je suis Marseillais.

Je vous avouerai... me parut d'une franchise naïve : à la première syllabe qu'il avait prononcée, à moins d'être sourd, on le savait suffisamment. J'aimerais autant qu'un nègre, après une demi-heure de conversation, me dît : « Je vous avouerai que je suis nègre. » Il y a aussi un couplet de vaudeville où se chante :

> A son vêtement militaire,
> J'ai bien pensé que c'était un soldat.

— Je vous avouerai, me dit-il, que je suis Marseillais. Ce n'est pas parce que je suis Marseillais, mais je suis fier de ma ville natale : c'est la reine des villes. — Autrefois nous n'avions point d'eau ; mais aujourd'hui qu'on nous a amené la Durance, nous avons de l'eau à n'en savoir que faire. Nous sommes inondés, nous sommes submergés. Je suis bien aise de vous en avertir.

Arrivé à Marseille, je rencontrai Loubon, le peintre, qui me parla aussi de l'énorme quantité d'eau dont dispose aujourd'hui la ville de Marseille. Il me montra également quelque embarras de tant d'eau et quelque crainte d'être submergé.

— Nous finirons, me dit-il, si l'on n'y prend garde, par avoir de la boue comme à Paris.

Les Marseillais sont des parvenus en fait d'eau. — Ils ont de l'eau, à ce qu'il paraît, mais ils s'en vantent trop — et ils n'ont pas encore la manière de s'en servir. Cependant leur embarras me toucha, et dans mes promenades, je cherchai ce qu'on pourrait faire de tant d'eau.

Voici le résultat de mes recherches : je serais heureux d'avoir rendu aux Marseillais le petit service de leur fournir des débouchés pour l'encombrement d'eau qui leur est survenu.

1° La fontaine qui est sur la place de la Bourse ne laisse échapper de ses robinets que des gouttes rares : — elle a l'air de pleurer d'avoir été oubliée dans la distribution des eaux de la Durance.

2° Il y a au bout des allées de Meilhan une fontaine très-simplement pittoresque, d'un charmant effet ; — au centre du bassin circulaire est un îlot couvert d'arbres et de plantes ; — au milieu de l'îlot est un jet d'eau qui retombe dans le bassin en arrosant les arbres et les plantes d'une vapeur fine et fraîche comme une rosée ou une brume. — Eh bien, j'ai songé là encore à l'eau qui embarrasse les Marseillais. — Le jet d'eau est faible et ne s'élève pas assez haut. — Des grenouilles de marbre qui dans le bassin doivent lancer de minces filets d'eau, — quelques-unes ouvrent une bouche aride qui ne lance rien. — *Aqua faucibus hæret.*

Si par hasard les Marseillais avaient trop de marbre, comme ils ont trop d'eau, — ils pourraient également en employer un peu à refaire des têtes à quelques-unes des grenouilles.

3° Toute la vieille ville est sale et infecte, — il y aurait à faire là un joli emploi de l'eau. — L'eau donne encore aux habitants de Marseille une autre inquiétude fort grave. — Ce que c'est que de n'y être pas accoutumés ! — Je revenais un jour de déjeuner à la Réserve, — très-agréable cabaret bâti sur pilotis à l'entrée du port et où l'on fait une très-bonne cuisine. On y va en bateau en traversant le magnifique port de Marseille.

— Vous avez traversé notre port, me dit un Marseillais. — Avez-vous trouvé qu'il sentît un peu mauvais ?

— Non pas un peu, dis-je, mais excessivement. — Cela m'a fait penser aux marais de l'Averne, qui asphyxiaient les oiseaux qui volaient au-dessus, et surtout à la peste de 1720, qui vous tua soixante mille personnes.

— Ah ! me dit le Marseillais, vous me faites bien plaisir

et vous me rassurez beaucoup. — En avez-vous parlé à à d'autres Marseillais?

— Non. Quand on est chez les gens, on leur parle plus volontiers de ce qu'ils ont de beau, et il n'y a pas besoin de beaucoup d'imagination pour dire des choses agréables aux Marseillais.

— Eh bien, vous vous êtes trompé, — vous auriez fait plaisir comme à moi à tout Marseillais à qui vous auriez affirmé que notre port sent très-mauvais. Nous y sommes accoutumés, nous ne sentons plus la mauvaise odeur, et nous avions peur qu'elle ne diminuât à cause de cette maudite eau de la Durance qui nous inonde et qui retombe dans le port.

— Alors, je me fais un vrai plaisir de vous dire que votre port est infecté, que l'eau est épaisse et putride, que c'est une purée d'immondices. Êtes-vous content?

— Allez toujours!

— Qu'il y a de quoi donner le mal de mer à un honnête homme et lui faire vomir jusqu'à ses bas et ses souliers, rien que de le traverser en bateau.

— C'est que, voyez-vous, il s'était répandu un bruit qui nous avait inquiétés. — Depuis longtemps, on ne voyait ni on ne prenait un seul poisson dans le port. Ceux qui y entraient étaient immédiatement asphyxiés. Eh bien! on disait qu'un pêcheur y avait pris l'autre jour une demi-douzaine de *muges*. Il est vrai que les muges étaient malades, languissants, que leur chair était flasque, et que les personnes qui les ont mangés en ont été fort incommodées. — Il est vrai que ce pêcheur était un enfant qui laissait traîner dans l'eau une épingle au bout d'une corde, et qu'à cet hameçon sans appât, les poissons ont mordu, non par gourmandise, mais pour être tirés de l'eau. — Mais enfin autrefois les poissons n'y vivaient pas du tout. — Or, si cela continuait, si l'eau de la Durance allait assainir notre port, si les poissons y revenaient, ce serait un symptôme très-alarmant. Il y aurait de quoi aller rompre les aqueducs et prier la Durance de rester chez elle.

— Mais pourquoi ?

— Le port de Marseille n'est pas le premier port du monde seulement parce qu'il contient douze cents navires sans compter le nouveau port. — Un de ses grands avantages, le plus grand peut-être, c'est qu'il est si infect que ni poissons ni insectes aquatiques n'y peuvent vivre. — Or, vous qui avez presque toujours habité les bords de la mer et les ports, vous savez qu'il y a des vers aquatiques qui percent le bois des navires. — Ce sont eux qui ont obligé les armateurs de les doubler de cuivre. Eh bien ! le port de Marseille est le seul dans lequel il n'y ait pas de ces vers, — ils n'y peuvent pas plus vivre que les poissons, — et les navires y dorment tranquilles. — L'eau du port assainie, les poissons y reparaissent, les vers percebois ne tarderaient pas à y revenir, et nos vaisseaux seraient bientôt dévorés. — Je vous quitte, je vais propager la nouvelle que notre port sent toujours mauvais. — Vous pouvez vous flatter de m'avoir fait grand plaisir. Je ne suis pas égoïste, je vais faire partager ce plaisir à ceux de mes amis que je rencontrerai à la Bourse.

Je n'ai pas été agréablement surpris de la végétation de Marseille. — Il y a des oliviers et des lauriers-roses en pleine terre, il est vrai, — mais si l'hiver ne les tue pas, il les rend un peu malades. Il fait un peu trop chaud pour nos arbres de l'ouest et du centre de la France, il fait un peu trop froid pour les arbres de l'Italie. — J'aime mieux un pommier bien portant qu'un oranger malade,—j'aime mieux l'aubépine vigoureuse de nos haies normandes que les lauriers-roses rouillés et souffreteux de Marseille. — L'olivier n'est un assez bel arbre que quand il est grand et vieux, lorsque son tronc est noueux et ses branches rugueuses; or, à Marseille, il souffre un peu presque tous les hivers et il est gelé tous les huit ou dix ans. Le Cours et surtout les allées de Meilhan sont couverts de très-beaux platanes que l'on paraît avec raison s'occuper de multiplier dans la ville.

Comme je voyais tresser de larges couronnes et de gros bouquets en forme de palmes sur les marchés, on me dit que palmes et couronnes devaient être jetées le soir à je ne sais quelle acrobate en faveur auprès du public marseillais. — Mais vous ne voyez rien, me dit-on ; les beaux bouquets, ceux des élégants, ont été commandés à Gênes, ils arriveront dans la matinée par un bateau à vapeur.

— On fait donc de bien beaux bouquets à Gênes?

— Admirables ! on n'oserait pas offrir à une femme comme il faut un bouquet qui ne viendrait pas de Gênes.

—Pour moi, me dis-je, je pense qu'il en est des fleurs comme du poisson; — j'ai, il y a longtemps, divisé le poisson en deux grandes espèces : — le poisson frais et celui qui ne l'est pas.

Cependant je me réjouis en pensant que dans quelques jours je serais dans cette ville où l'on fait de si beaux bouquets.

Et j'allai tout de suite retenir une place au bateau à vapeur dont le départ était le plus proche.

Le bureau n'était pas ouvert ; je dus attendre quelques instants. Je les employai à regarder le tableau qui représente le navire la *Ville de Marseille* voguant sur une mer houleuse, et à me demander pourquoi tous les bateaux à vapeur qui exposent leur portrait au-dessus de la pancarte qui annonce le jour et l'heure de leur départ se laissent toujours représenter par un gros temps. Ça ne me paraît pas engageant pour les voyageurs qui n'ont pas le pied marin et qui ont le choix d'aller à Nice ou à Gênes par mer ou par terre. — Il me semble que la représentation d'une mer calme, unie et bleue, serait tout autrement séduisante. C'est une observation que je soumets aux entrepreneurs de ce genre de voiture. — Les entrepreneurs de voitures terrestres se garderaient bien de faire peindre leur diligence sur le bord d'un précipice ou entraînée par des chevaux furieux.

Avant de quitter Marseille, j'avais assisté à une application nouvelle de la fable de la Fontaine *la Grenouille qui veut se faire plus grosse que le bœuf*. Je veux parler de l'agitation des bonnets de femme qui veulent ressembler à des chapeaux.

Voici la chose : une marchande, quelque riche qu'elle soit, *ne doit pas* porter de chapeau.

Ne doit pas? et en vertu de quelle loi? — Oh ! si c'était une loi, on ne s'en embarrasserait guère : — vous savez ce qu'on fait des lois en France ; — mais c'est l'usage et la mode qui le défendent.

Or, les bonnets obéissent à cet usage, mais ils obéissent de mauvaise grâce, en rechignant, en tâchant de l'éluder. Ils prennent tant qu'ils peuvent des airs chapeau, ils suivent la mode des chapeaux. — Une année, on porte les chapeaux trop petits : — les bonnets se renfrognent, se replient, se rapetissent. — L'année d'après, les chapeaux sont trop grands ; — les bonnets s'élargissent, se gonflent, se boursouflent et affectent des ampleurs inouïes; ils mettent tous rubans au vent; ils échafaudent des nœuds sur des dentelles, des dentelles sur des nœuds, — Pélion sur Ossa.

On accroche aux bonnets tout ce qu'on accroche aux chapeaux, — des rubans, des fleurs, des plumes — quelquefois séparément, quelquefois tout ensemble et à la fois. — Il y a deux ans, à l'imitation des chapeaux, les bonnets avaient arboré les fruits et les légumes, les grappes de raisin, les groseilles, les cerises, les petits radis roses ; — mais ce que tout cela ne donnait pas, — c'était la roideur guindée et prétentieusement insolente des chapeaux. — Le bonnet était toujours flexible, flottant, souple. Il a pris un grand parti. — Il a glissé dans les dentelles et sous les rubans une armature de fer, ou de fil d'archal et de fil de laiton, — qui lui procure enfin les

airs empesés, durs, inflexibles, coriaces du chapeau. —
Et moi, qui ne suis pas bien expert en ces choses, je
commets à chaque instant les plus grossières erreurs. —
Je crois que la victoire des bonnets serait complète s'il
ne s'agissait que d'en faire accroire aux hommes. — Pour
les hommes, les bonnets sont devenus aussi laids que les
chapeaux. — Les bonnets sont des chapeaux ; — mais à
quoi bon ? ça leur est bien égal. C'est ce qui est sous le
bonnet ou sous le chapeau qui leur importe. — D'ailleurs,
les femmes ne pensent pas à plaire aux hommes dans la
grosse affaire de leur toilette, *negotium negotiosissimum ;*
elles pensent à chagriner les autres femmes. — Eh bien,
sous ce rapport, les bonnets ont complétement échoué.
— Jamais une femme ne s'y trompe. — Un bonnet a beau
se cacher sous les fleurs et sous les plumes, il a beau
imiter les allures du chapeau, — du plus loin qu'il paraît
tous ses déguisements ne lui servent de rien, il est si-
gnalé comme bonnet, avec la même certitude que met
un vieux marin à vous dire, en vous montrant à l'horizon
un point noir qui ne paraît à vos yeux qu'une image
incertaine entre le ciel et la terre : — Ceci est un brick,
— ou une goëlette. —

Comme j'allais dans ce pays des beaux bouquets sur le
bateau à vapeur *la Ville de Marseille,* — l'habileté et
la complaisance du brave capitaine Allion ne purent que
tenir la moitié des promesses de l'affiche : — nous mîmes
vingt-sept heures au lieu de vingt. — Mais la mer était
aussi grosse, — peut-être même un peu plus grosse que
ne la représentait l'image placée au-dessus de la pancarte.

2.

J'avais emporté un volume d'une de vos histoires, en montant sur la *Ville de Marseille*. Dans ce tableau si coloré des dernières convulsions de l'humanité, je ne pus m'empêcher de remarquer avec quelle bonhomie charmante chaque parti vainqueur a toujours prêché l'abnégation et le désintéressement aux partis vaincus. Ce genre de prédication s'est reproduit invariablement dans le passé. M. Thiers, pour citer un exemple, ne déclarait-il pas du fond de son banc ministériel, au nom des vainqueurs d'alors, que tout était bien, pourvu que les malheureux consentissent à rester honnêtement malheureux, et à laisser les autres être tranquillement heureux, sans les ennuyer ni les troubler par leurs clameurs et leurs plaintes? Oui, à chacune des parties qui se jouèrent ceux qui gagnaient par hasard, par habileté, etc., eurent envie de « faire charlemagne, » comme on dit en style de tripot, ils proposèrent de ne plus jouer. — « Il est tard, on a assez joué comme cela, allons-nous coucher, » — disaient-ils, en prenant des mines satisfaites et fatiguées, — sans se rappeler qu'ils n'avaient pas sommeil auparavant et qu'ils avaient été des joueurs opiniâtres à la revanche, tant que les cartes leur étaient restées contraires. Ce n'est pas tout à fait ainsi que nous l'entendions tous deux dans l'entretien que je rappelais en commençant. Nous avions meilleure opinion de la Providence; nous ne pensions pas qu'elle eût donné pour toujours le bon lot aux uns et le mauvais aux autres, sans espoir d'amélioration; nous ne voulions pas que la même partie se jouât éternellement et fît sans cesse des gagnants et des perdants ; nous songions qu'il était possible que tout le monde y gagnât quelque chose, dussent les malheureux donner aux heureux, en échange d'un peu de leur bonheur, une part équivalente du patriotisme et du désintéressement que ceux-ci leur avaient toujours abandonnés en toute propriété, avec une touchante abnégation.

Mais on appelle tout le monde sur le pont pour contempler le magnifique spectacle de la rade de Gênes. — Cet amphithéâtre de palais et de maisons de diverses couleurs, au milieu des oliviers et des orangers, — ça me paraît bien beau pour un exil volontaire.

Vous, mon illustre ami, pareil à ces grands Romains qui retournaient à la charrue après avoir été consuls et dictateurs, vous avez repris votre plume laborieuse et vous ne renoncez pas à donner de magnifiques enseignements.

Moi, ici, je lis vos vers :

> Levons les yeux vers la colline
> Où luit l'étoile du matin ;
> Saluons la splendeur divine
> Qui se lève dans le lointain.
> Là refleuriront nos jeunesses,
> Et les objets de nos tristesses
> A nos regrets seront rendus.

Croyez-vous ?

Si vous vous décourageâtes jamais, — si un jour

> ... L'espérance lassée
> Repliait ses ailes d'azur,

vous retrouveriez la poésie :

> La lyre ne nous fut donnée
> Que pour endormir nos douleurs.

> Peut-être à moi, lyre chérie,
> Tu reviendras dans l'avenir,

disiez-vous autrefois.

> Oui, dans cet air du ciel, les soins lourds de la vie,
> Le mépris des mortels, leur haine ou leur envie
> N'accompagnent plus l'homme et ne surnagent pas.

Mais, quoi que vous fassiez, vous n'aurez jamais

> ... Le front chargé de guirlandes fanées.

Non, historien et poëte, les couronnes d'immortelles que vous avez choisies, — car vous avez eu à choisir, ne se flétrissent pas.

> ...... Lyre mélodieuse,
> Des cygnes la troupe envieuse
> Suivra la trace harmonieuse
> Sur l'abîme roulant des mers.

Gênes.

A Gênes ce n'est pas pour la fête de Dieu, mais pour la fête de saint Jean, que l'on réserve toutes les magnificences et toutes les splendeurs.

Il est vrai que la ville de Gênes possède un doigt de saint Jean-Baptiste, et que ce jour-là on promène le doigt dans une très-belle châsse d'argent. Les Génois ne paraissent pas traiter directement avec Dieu. Ils agissent comme le maire d'une petite commune de Normandie que je ne désignerai pas autrement. Ce magistrat n'avait pas reçu du ciel le don de l'improvisation; il se tirait passablement des monosyllabes : oui, — non, — hum! — heu! — bah! — hem? — peuh!

Les mots dissyllabiques le faisaient hésiter; il avait réduit et contracté à cause de cela monsieur en m'sieur, — et peut-être en p'têtre.

S'il s'agissait, — je ne dirai pas d'un discours, mais d'une réponse, — tout son visage devenait cramoisi, à l'exception de ses oreilles, qui devenaient violettes; il bégayait, cherchait, et finissait par saluer pour en finir.

Il y avait plusieurs années qu'il gouvernait la commune sus-non-dite, lorsqu'un hasard me fit découvrir que dans ses rapports nécessaires avec l'autorité du chef-lieu, jamais il n'avait vu les divers sous-préfets qui s'y étaient précédés. Quand il avait quelque renseignement à demander, quelque réponse à donner, il allait à une certaine heure attendre à la porte de la sous-préfecture un employé subalterne avec lequel il traitait les affaires de ses administrés. L'idée de voir un sous-préfet en face l'aurait écrasé; plus prudent que Sémélé, la mère de Bacchus, qui, ayant voulu voir Jupiter dans tout l'éclat de sa gloire, fut consumée dans l'embrasement de son palais.

Le jour donc où l'on promenait dans les rues de Gênes la châsse qui renferme le doigt de saint Jean-Baptiste, on avait couvert de toiles blanches et de pavillons de navire toutes les rues par lesquelles devait passer la procession; toutes les fenêtres étaient tendues de tapis de soie que j'ai fort soupçonnés être les couvre-pieds des lits; un seul luxe manquait, celui qui ne court jamais le risque d'être de mauvais goût, celui qui n'est pas soumis au caprice de la mode, le seul qui paraisse digne

des fêtes religieuses, je veux parler du luxe des fleurs.
— Mais les Génois sont marchands, et les fabricants de pommade leur payent fort cher le jasmin, les roses, les tubéreuses, la violette, qu'ils cultivent en champ, comme chez nous on cultive les navets et les betteraves ; on sait qu'un rup (25 livres) de roses vaut juste sept francs, que le rup de violettes en vaut trois, donnant donnant, au comptant ou en bonnes traites à quatre-vingt-dix jours, tandis que si l'on donne des roses ou des violettes au bon Dieu, il faut pour le payement s'en rapporter à sa générosité. D'ailleurs le bon Dieu ne signe pas de lettres de change, il paye en soleil fécond, en rosée rafraîchissante, en pluie bénie, mais tout porte à croire qu'il donnerait pour rien son soleil, sa pluie et sa rosée.

Il en est du reste de même à Nice, où le jour de la Fête-Dieu, on ne jette par les chemins qu'une seule fleur, qui nous paraîtrait et serait un luxe en France, c'est la fleur du genêt d'Espagne ; mais à Nice, le genêt d'Espagne est un arbuste sauvage, qui tapisse et dore certaines montagnes, comme les ajoncs en Bretagne et en Normandie. De plus, les parfumeurs ne l'achètent pas.

Sauf les fleurs, la procession était d'une grande magnificence. Tous les ordres religieux, qui sont fort nombreux à Gênes, y avaient pris place. Il y avait des moines de toutes les couleurs, des blancs, des noirs, des bruns, des gris, des bleus, etc.

Les prêtres portaient sur leurs épaules des chapes (cela s'appelle-t-il des chapes ?) admirablement brodées de soie et d'or.

S'il n'y avait pas assez de fleurs, en revanche il y avait un peu trop de musique ; — tout le monde avait fait preuve de zèle religieux ; la troupe avait sa musique, la garde nationale avait la sienne, chaque ordre célébrait la gloire de Dieu et surtout celle de saint Jean-Baptiste ; les orphelins, les orphelines, chantaient des cantiques sacrés. Malheureusement, ces musiques n'étaient pas assez éloignées les unes des autres dans le cortége et ne l'étaient pas du tout dans l'exécution, c'est-à-dire que tout le monde chantait, jouait, soufflait, raclait, tapait à la fois chacun son cantique, chacun son air, chacun son morceau, imperturbablement, sans se soucier des autres, — excepté quelques-uns qui ne s'occupaient que de les dominer par le bruit, mais c'était le petit nombre.

Cependant il faut tout dire, — il y avait bien un peu de laisser aller dans cette cérémonie.

J'avais déjà remarqué la vérité de ce proverbe populaire : Trop de familiarité engendre le mépris.

J'en ai vu alors une application nouvelle.

Les gens qui sont le plus adonnés aux petites pratiques quotidiennes et aux minuties du culte, les patenôtriers de profession, finissent par être médiocrement touchés des idées religieuses, et contristent souvent par le peu de décence de leur attitude et leur laisser alle dans les cérémonies des gens moins dévots mais plus religieux, qui, n'étant pas blasés par l'habitude, n'entrent dans les temples et dans les églises que sous une impression de respect et de vénération.

Eh bien ! pour en revenir à la familiarité avec laquelle

on traite Dieu et les saints, on se mettait bien à genoux quand la procession passait, mais, tout en se mettant à genoux, on continuait la conversation commencée, on entretenait par quelques bouffées son cigare allumé. — Très-peu d'hommes se découvraient la tête ; — ceux mêmes qui faisaient partie de la procession souriaient à leurs connaissances en passant, et leur adressaient des paroles moins onctueuses que joviales.

Les enfants jouaient et couraient à travers le cortége, et faisaient, en se poursuivant, le tour des chapes et des dalmatiques qui leur servaient d'abri et de refuge.

Après tout, peut-être en ce pays prend-on le mot de fête au sérieux, en faisant des fêtes gaies ; peut-être croit-on qu'il serait impoli pour le bon Dieu et pour le saint fêté, comme il le serait pour un particulier, de ne pas paraître s'amuser beaucoup à sa fête ; peut-être trouve-t-on triste et légèrement funèbre l'air grave et solennel que nous prenons avec quelque affectation dans nos cérémonies religieuses.

Les fleurs, comme je vous l'ai dit, jonchaient le sol avec une parcimonie qui rendrait le mot jonché facétieux, si on le disait sérieusement. On avait cependant appendu des guirlandes aux diverses madones de marbre qui sont incrustées dans les façades de certaines maisons. Une Vierge, entre autres, portant dans ses bras, comme toutes les Vierges, un enfant Jésus, qu'on appelle *il bambino*, présentait cette particularité que, si l'on n'avait pas négligé de mettre à l'enfant une guirlande de roses, on avait négligé de lui remettre une tête, dont il paraît privé depuis fort longtemps.

La tenue générale n'est pas meilleure dans les églises : on s'y promène, on y parle haut. Les Français, qui ne sont pas plus religieux qu'il ne faut, ne se permettraient pas autant de liberté dans le temple. Un Génois auquel, sur sa question, je faisais cette observation, me dit :

— Je le sais ; je suis allé en France, il y a une dizaine d'années, et j'ai vu vos églises. Eh bien, les assistants y ont l'air triste, ennuyé, comme des enfants en pénitence, ou des chrétiens qui ont la conscience que Dieu doit être irrité contre eux et qui, dans sa maison, ne pensent qu'à sa justice. Nous, au contraire, nous sommes joyeux et tranquilles dans l'église, nous ne pensons qu'à la bonté et à la clémence de Dieu. Vous semblez des criminels devant leurs juges. Nous sommes des enfants avec leur père, un peu familiers peut-être, mais confiants, mais heureux. Si Dieu regarde quelquefois cette végétation humaine qu'il a semée sur la surface de la terre, il doit la voir avec plus de plaisir heureuse, gaie, c'est-à-dire saine d'esprit et de corps, que roide, mélancolique, sérieuse, de même que le cultivateur aime mieux voir sa moisson luxuriante qu'étiolée. Au résumé, notre manière d'adorer Dieu lui convient au moins autant que la vôtre ; il nous permet de vivre à peu près sans rien faire, c'est-à-dire avec le quart du travail nécessaire chez vous. Voyez comme notre paysan est plus heureux que le vôtre : il *affitte* une ferme ; il commence par prélever sa nourriture et celle de sa famille. — Cela ne compte pas, et c'est cependant le but si péniblement et si irrégulièrement atteint par le vôtre. — Ensuite, il partage le reste du produit avec le propriétaire. Il faudrait trois journées de travail d'un de nos paysans pour équivaloir à la journée d'un des vôtres. —Un pays où on ne travaille pas et où on a des roses pendant l'hiver n'est pas un pays qui déplaise au bon Dieu.

Le martyrologe italien renferme des bienheureux dont nous n'avons pas la moindre idée en France.

C'est une pensée assez consolante. L'histoire ancienne et moderne nous a conservé tant de noms peu honorables, que vous apprendrez comme moi avec plaisir que le ciel est plus peuplé que nous ne le pensions, et que le triage final des honnêtes gens présente de meilleurs résultats que les apparences ne l'indiquent.

Outre les trois cent soixante-cinq bienheureux de l'almanach, il y en a un grand nombre d'autres. Ceux de l'almanach sont comme les étoiles les plus proches de nous, que l'on voit en regardant simplement le ciel ; les autres sont comme les étoiles que l'on ne voit qu'avec le secours des télescopes.

On vénère ici des bienheureux dont je n'avais jamais entendu parler, et sous la protection desquels on place les enfants en leur donnant leur nom. L'histoire populaire de sainte Zita mérite que je vous la raconte. Les traditions ont une naïveté qui intéresse toujours.

Sainte Zita est la patronne des cuisinières. Voici sa légende vulgaire, que je recommande particulièrement aux peintres, car, outre son charme naïf, elle prête beaucoup au pittoresque, comme ils vont le voir.

Sainte Zita était une cuisinière génoise, fidèle à ses maîtres, mais plus fidèle à Dieu. Jamais elle ne faisait danser l'anse du panier, ce qui devrait être, disons-le en passant, un devoir pour les cuisinières génoises, que leur dignité empêche de le porter, et qui chargent un facchino de ce soin.

Zita avait le malheur d'avoir des maîtres quelque peu indifférents sur les pratiques religieuses ; cependant c'étaient d'assez braves gens, peu riches, tenant petite maison, et qui ne l'empêchaient pas d'accomplir ses devoirs, pourvu que leur cuisine n'en souffrît pas et que leurs modestes repas fussent prêts aux heures fixées.

Zita était, dit-on, fort habile dans sa profession. Je suis porté à croire que c'était par l'efficacité d'une grâce d'en haut, car c'est une affreuse cuisine que la cuisine génoise. J'ai donné pour spécimen la description d'une fricassée de poulet telle qu'elle se faisait il y a cent ans, et telle qu'on continue scrupuleusement à la faire.

Mes plaintes à ce sujet doivent avoir de la valeur aux yeux de Gatayes, parce qu'il sait que je suis peu difficile. Nous avons fait ensemble si longtemps de si bons repas avec du pain et du fromage ! — de si mémorables festins avec des gigots de mouton et des haricots !

Or, les maîtres de Zita étaient peu scrupuleux sur l'observation des jours auxquels l'Église ordonne de faire maigre. Zita crut de son devoir de risquer de timides avis et de respectueuses objurgations à ce sujet ; avis et objurgations furent mal reçus et n'eurent pour résultat que de changer la négligence des maîtres en pratique régulière de manger de la viande les jours défendus, pour ne pas paraître céder aux remontrances de leur servante.

Zita se demanda si elle devait obéir et préparer des mets défendus ; après réflexion, elle imagina de donner, par un prodige de son art, au poisson et aux légumes préparés à l'huile, l'apparence et le goût de la viande et des légumes cuits au jus.

Ce secret n'a pas été conservé.

Quant à Zita, elle jeûnait ces jours-là, ou ne mangeait que du pain.

Il est écrit : On ne peut servir deux maîtres à la fois. Ainsi Zita, tout en servant de son mieux ses maîtres terrestres, sacrifiait parfois quelque peu les soins de sa cuisine aux soins de son âme. Elle fréquentait assidûment les églises ; il n'était pas sans exemple qu'elle se mît en retard, et que, malgré son habileté, elle ne pût servir son dîner à l'heure précise. Quelques rôts furent brûlés, quelques crèmes manquées, mais Zita promettait de faire mieux à l'avenir ; d'ailleurs, les bonnes cuisinières étaient alors comme aujourd'hui, peu communes à Gênes, et on l'aurait difficilement remplacée.

Un jour que ses maîtres donnaient à dîner, chose rare, chose monumentale dans ce pays, Zita reçut force recommandations de la signora. Elle se leva avant le jour, courut les marchés, et revint avec deux facchini chargés de denrées. Elle alla ensuite à l'église ; mais là, elle se laissa absorber si profondément par la prière et la médi-

tation, elle tomba dans une telle extase, qu'elle ne vit pas
que la messe était finie et que tout le monde quittait l'église ; elle y resta seule en contemplation, et ne s'aperçut
pas de la fuite des heures.

Tout à coup, elle sortit de son extase, et, retombant
sur la terre, fut surprise et inquiète de voir le jour obscur.
Elle sortit précipitamment de l'église et regarda le ciel,
qu'elle supposait couvert d'épais nuages. Le ciel était
d'un bleu limpide, mais le soleil se couchait. Zita fut
frappée de terreur ; elle pensa à son dîner, qui n'était pas
commencé à l'heure où il fallait le servir. Cependant elle
se dirigea en toute hâte vers la maison de ses maîtres, en
pensant qu'elle allait être chassée et qu'elle l'avait mérité,
car elle avait manqué à ses devoirs envers eux et allait
les jeter dans un grand embarras. Ce n'est pas, d'ailleurs,
sans de fortes raisons que l'on donne à dîner à Gênes,
ainsi que je l'ai déjà expliqué dans une autre lettre ; c'est
un événement grave, important pour ceux qui le donnent ; intéressant, inusité, curieux pour ceux qui le
voient donner. L'attention était surexcitée. Que dirait-on
lorsque, les convives réunis, il n'y aurait absolument rien
à leur donner à manger ? Les maîtres de Zita seraient humiliés, bafoués, montrés au doigt ; leurs convives pourraient se croire mystifiés et se trouveraient offensés. Le
moins qui pût arriver à Zita, c'était d'être honteusement
renvoyée, et cette expulsion, dans une circonstance aussi
manifeste, aussi éclatante, lui rendrait bien difficile de
trouver une autre place.

Perdre sa place était un sacrifice que Zita aurait consenti à faire ; mais elle avait un profond chagrin de celui qu'elle allait faire à ses maîtres, qui, après tout, et malgré leur indifférence sur l'observance des jours maigres, étaient bons pour elle et avaient droit à sa reconnaissance. Arrivée à la porte de leur maison, elle n'osait plus entrer et avait envie de s'enfuir. Cependant elle réfléchit humblement qu'elle ne devait pas éviter les réprimandes.

Il n'y avait pas alors de patronne des cuisinières, puisque c'est Zita qui était destinée à le devenir. Elle ne savait donc à quel saint se vouer, comme on dit vulgairement. Elle s'adressa à Dieu, selon un autre proverbe qui conseille de le faire préférablement aux saints, et fit une fervente prière pour que Dieu lui donnât la force de supporter les amertumes qu'allait lui offrir son inconcevable négligence. Sa prière faite, elle entra humblement mais résolûment dans la maison.

Tout à coup elle s'arrêta dans l'escalier : une suave odeur de fricot venait de saisir son odorat.

« Qu'est-ce à dire ? pensa-t-elle. Ne voilà-t-il pas que je sens le fricot ? Ma maîtresse se sera aperçue de mon absence, et elle aura fait venir une autre cuisinière. Je n'en serai pas moins chassée, mais leur dîner ne sera pas manqué, et il n'y aura de puni que celle qui a fait la faute. »

Zita fit quelques pas, puis s'arrêta, et aspira par le nez une bouffée de cette odeur de fricot qui s'exhalait par la maison.

— Celle, dit Zita, qui fait ce fricot est certes une habile personne. Et alors il s'éveilla en elle un petit sentiment d'orgueil humain qu'elle réprima aussitôt. Je croyais être la première, mais il y en a une ici qui fait au moins aussi bien que moi.

Et Zita entra dans sa cuisine.

Au moment où elle entrait, elle entendit un bruit comme un crépitement d'ailes, et elle ne vit personne, mais elle attribua ce bruit au frôlement de la robe de la cuisinière probable qui venait de passer rapidement dans une autre pièce.

Les fourneaux étaient allumés, les casseroles étaient en travail, et de chacune sortait un fumet exquis.

Zita leva les couvercles et goûta.

— Je me trompais, dit-elle, en disant que celle qui avait fait ces fricots était une personne de ma force ; je ne suis pas digne de dénouer les cordons de son tablier ; je ne savais pas que mon art pût aller aussi loin que cela. Mais où est donc cette cuisinière ?

Elle attendit, personne ne vint. — Mais, dit-elle, comment se fait-il qu'une personne aussi habile expose ses mets à brûler ?

Zita éloigna un peu les casseroles, et s'aperçut que le feu des fourneaux était bleu.

Elle chercha la cuisinière et ne trouva personne. Elle vit seulement que le couvert était mis avec une propreté, avec un soin inimaginables. Dans la salle à manger, elle rencontra sa maîtresse qui lui dit : — Eh bien, Zita, êtes-vous prête ?

— Signora, dit Zita, le dîner est prêt, mais je ne trouve pas la personne...

— Quelle personne ? Les convives sont sur la terrasse avec mon mari, et il n'y a ici que vous et moi.

Zita crut ou qu'elle rêvait ou qu'elle avait rêvé.

Elle servit son dîner. C'était quelque chose d'exquis. On en parle encore dans certaines familles, où la tradition a conservé le souvenir de ce festin qui eut lieu il y a deux cents ans.

Zita n'eut qu'à rendre grâces. Des anges, dit-on, étaient venus faire son dîner pendant l'extase où elle s'était plongée à l'église.

Ce devait être un charmant spectacle que celui de tous ces jolis petits anges, semblables sans doute à ceux que l'on voit dans les tableaux de Murillo.

Vous les représentez-vous avec de petits tabliers, de petits bonnets de coton, voltigeant d'un fourneau à un autre, remuant les sauces et les goûtant du bout de leurs petits doigts roses ?

Voilà l'histoire de sainte Zita, telle que me l'a racontée, ma cuisinière, qui, hélas ! fait ma cuisine elle-même.

III

A ÉMILE PÉAN

A une lieue de Gênes à peu près est une propriété connue sous le nom de l'Arbre d'or, — *Albero d'oro*. — Elle appartient au marquis Impériali, — homme gras et un peu pesant, quoique jeune, et qui a le regard à moitié endormi d'un mangeur d'opium. — C'est, dit-on, un fort galant homme, et justement considéré. Je n'ai, du reste, pas à m'occuper de lui, mais il porte un nom historique. — C'est un Impériali (François-Marie), qui, étant doge de Gênes, eut vers 1680, avec Louis XIV, ces démêlés à la suite desquels il dut venir à Versailles faire sa soumission, après le bombardement de Gênes. — Un Impériali fut un poëte distingué, un autre fut cardinal et faillit être pape à la mort d'Innocent XI.

Michel Impériali entreprit de plaider par des arguments théologiques en faveur de Judas Iscariote et de réhabiliter sa mémoire. — Il soutint dans divers écrits que Judas n'était pas damné à perpétuité. Il fut réfuté. Il répliqua et s'attira toutes sortes d'ennuis à cause de l'apôtre traître. — Il laissa en mourant une somme d'argent destinée à faire dire des messes pour Judas.

Un autre Impériali eut une aventure qui est, dit-on, l'origine du nom donné à la propriété dans laquelle on voit un tableau de quelque célébrité, l'*Enlèvement des Sabines* de Luc Cambiaso.

Je garantis que j'ai entendu raconter l'aventure, mais je ne garantis pas qu'elle soit vraie.

Quoi qu'il en soit, la voici :

Sa mère était une honnête et pieuse femme, fort assidue aux cérémonies de l'Église, comme il convient, et fort patenôtrière. Elle s'endormit un jour à l'église pendant un sermon ; peut-être était-ce la faute du prédicateur. Elle rêva qu'elle jouait aux cartes, la bonne âme qui n'en avait sans doute touché de sa vie. Elle joua d'abord une bagatelle et la perdit, puis elle joua son étui d'or. Son adversaire la regardait avec des yeux étranges et brillants d'un feu vert comme les yeux des tigres, qui la troublaient beaucoup. Il gagna l'étui et le ramassa avec une main dont les ongles étaient recourbés en forme de griffes. Son étui d'or perdu, elle joua son fil et ses aiguilles ; elle perdit son fil et ses aiguilles. Elle joua sa belle robe de brocatelle violette et or ; elle perdit sa belle robe de brocatelle violette et or. Elle joua deux gros diamants qui pendaient à ses oreilles ; elle perdit les diamants. Elle joua la longue tresse si bien nattée de ses cheveux noirs, ce splendide diadème des Génoises, elle perdit ses cheveux. Le gagnant les coupa et les mit dans sa poche avec l'étui d'or, avec le fil et les aiguilles, avec les pendants d'oreilles, avec la belle robe de brocatelle violette et or.

— Je n'ai plus rien, dit-elle.

— C'est pourtant fâcheux, dit l'adversaire d'un ton mielleux de sacristie, de laisser entre mes mains toutes ces belles choses. Je vous donnerais encore une revanche si vous vouliez, mais ce serait la dernière.

— Que voulez-vous que je joue? je n'ai plus rien qui soit en propre à moi.

— Jouez votre anneau de mariage.

— Oh! monsieur!

— J'espère que je suis beau joueur; votre anneau ne vaut pas dix swanzigs, et ce que je consens à mettre au jeu contre votre anneau vaut plus de cinq cents ducats.

— Mais mon anneau, monsieur, y pensez-vous?

— Alors ne jouons plus, madame.

— Comment se fait-il, pensait la marquise, que j'aie une telle âpreté au jeu? je me sens toute transformée.

Elle joua son anneau de mariage et le perdit. Elle hésitait à le retirer de son doigt, mais l'étranger, prenant ce doigt doucement entre son pouce et son index, toucha légèrement l'anneau; cet anneau alors devint brûlant comme s'il eût été en feu, et la marquise se hâta de l'arracher de son doigt, auquel il laissa un cercle noir à la place qu'il avait occupée.

— Quel malheur! dit-elle, comment ai-je pu jouer mon anneau de mariage! je voudrais être morte! Et elle trépigna de désespoir.

— Prenez garde, madame, dit l'inconnu, vous me marchez sur la queue.

Elle regarda effrayée à ses pieds et vit en effet que

son joueur avait une longue queue qui s'enroulait autour d'un des pieds de la table.

Elle frissonna de la tête aux pieds.

— Voulez-vous regagner votre anneau de mariage, madame ? lui dit-il.

— Cette fois, monsieur, je n'ai plus rien à jouer, c'est bien fini.

— Eh quoi ! vous me laisserez emporter votre fil et vos aiguilles, votre étui d'or, votre belle robe de brocatelle violette et or, vos belles pendeloques de diamants, votre tresse noire et votre anneau de mariage, et vous n'oserez pas jouer encore une fois pour regagner tout cela ! Pensez qu'il ne faut qu'un coup.

— Je n'ai plus rien, monsieur.

— Jouez votre enfant.

— Je n'ai pas d'enfant, monsieur.

— Jouez-le tout de même ; j'accepte cet enjeu.

— Mais cette idée fait horreur !

— Alors, adieu, madame, j'emporte le fil et les aiguilles, l'étui d'or, les pendeloques, la robe de brocatelle, la tresse et l'anneau. A l'honneur de vous revoir. Mais, tenez, je vais jouer le coup tout seul, pour que vous voyiez si vous l'auriez gagné.

Il distribua les cartes.

— Madame la marquise aurait gagné, dit-il ; la veine change, et je ne sais si je dois continuer à jouer.

— J'accepte ! s'écria la marquise.

— Votre enfant contre tout ce que j'ai gagné !

— Eh bien, jouez vite.

— Vous avez perdu, madame la marquise.

Elle se mit à pleurer. Le joueur disparut en laissant après lui une odeur violente.

Elle se révilla alors en sursaut, elle sentait toujours l'odeur forte, mais cette odeur sortait d'un flacon qu'une vieille femme lui tenait sous le nez. A son agitation, à ses soupirs, à ses yeux fermés, elle avait cru la marquise en proie à quelque mal. La marquise, revenue à elle, toucha vite ses beaux cheveux ; ensuite, comme c'était une très-honnête femme, strictement attachée à ses devoirs, elle regarda son anneau de mariage avant de mettre la main à ses pendeloques de diamants. L'étui d'or et le reste, tout était à sa place. Elle se rassurait donc, lorsqu'elle sentit dans son sein un tressaillement étrange, inconnu, mais que le plus doux instinct lui fit comprendre. Elle aurait un enfant, elle l'avait déjà, elle l'aimait déjà.

Puis elle se rappela son horrible rêve. — C'était bien l'esprit des ténèbres, dit-elle ; quand il m'a proposé de jouer mon enfant, il savait que j'étais grosse. Et moi qui ai joué mon enfant, moi qui l'ai perdu, et perdu contre le diable ! Mais c'est un rêve ; d'ailleurs ma volonté n'y était pour rien, et Dieu ne permettrait pas que cette pauvre chère innocente créature fût la victime d'un rêve. Tout en se répétant qu'il n'y avait pas de danger, elle fit dire un grand nombre de messes, et donna une belle couronne d'or ornée de perles à la vierge de son quartier, à la Madonna della Salute. La Madonna della Salute est une fort jolie vierge de marbre blanc qui jouit d'une grande considération ; les Vierges des autres quartiers de la ville ne sont rien auprès d'elle. Aussi les habitants de ces quartiers ont-ils tenté de répandre sourdement quelques calomnies sur la madona della Salute ; mais rien n'a pu l'atteindre, son crédit au ciel est toujours immense, et elle vient tout récemment de faire un miracle que j'ai raconté aux lecteurs du *Siècle*. Un prêtre, après avoir fait une prière à la madona della Salute, s'est lavé les mains dans une jatte d'eau, et a donné cette eau à boire à une jeune fille « abandonnée des médecins, » qui est revenue immédiatement à la santé.

L'enfant vint au monde, c'était un poupard gras et fleuri. Il avait au-dessous du sein gauche une marque rouge : c'est probablement à cause de la préoccupation de son rêve que la marquise crut voir à cette marque la forme d'un cœur et une parfaite ressemblance avec l'as de cœur, sur lequel elle avait perdu son enfant dans la fameuse partie de lansquenet avec le diable. Elle fit dire de nouvelles messes, donna ses pendeloques de diamants à la jolie madone, et lui voua son fils, la priant de le défendre contre les embûches du diable comme une propriété à elle.

Le jeune Impériali était comme les autres enfants. La même préoccupation sans doute qui avait fait traduire son petit signe rouge en as de cœur fit remarquer ce qu'on n'eût pas songé à remarquer chez un autre enfant. Les jeux qu'il préférait étaient les jeux de hasard, ceux du moins qui sont à la portée des écoliers : pile ou face, pair ou non, etc., etc.

On lui défendit ces jeux avec tant de sévérité qu'on y

concentra son attention, et qu'en réalité cet instinct devint une passion violente.

> Comme l'eau froide trempe et rendurcit le fer,
> Trop de sévérité rendurcit un cœur fier.

Un jour qu'on le mit dans une sorte de prison de famille, — une chambre noire où l'on serrait le charbon, — pour avoir joué aux cartes avec un petit cousin, on trouva les deux complices assis à terre l'un et l'autre, l'un en dedans, l'autre en dehors. Cette sorte de caveau avait une chatière ; par la chatière ils jouaient tous deux aux cartes.

A Impériali, comme à beaucoup d'autres enfants, on avait donné un petit jardin ; dans ce petit jardin était un oranger qu'on lui avait laissé en toute propriété. Le même cousin qui jouait aux cartes avec lui par la chatière demanda à ses parents un jardin et un oranger, ce qui lui fut facilement accordé.

Ils jouèrent un jour leurs orangers, après s'être promis solennellement que celui qui perdrait assurerait à l'autre légalement la propriété de son arbre, aussitôt sa majorité.

Ce fut Impériali qui gagna. L'engagement fut fidèlement exécuté ; — chaque année le cousin mit à la disposition d'Impériali la récolte de son oranger, reconnaissant qu'il recevait à titre de bienfait la part qu'il plaisait à Impériali de lui laisser. Aussitôt qu'il put disposer de ses biens, il ratifia légalement l'abandon de l'Arbre d'or. Il mourut jeune, et il est probable qu'Impériali, qui à son tour était devenu le chef de la famille, ne songea plus guère à cette propriété d'un oranger et qu'il en négligea la récolte.

— Une nuit, — vingt ans après peut-être, jouant avec un Milanais, il eut contre lui une de ces veines terribles qui font croire que le destin, renonçant à son inconstance et à son impartialité, a pris parti pour un des joueurs et parie de son côté.

Impériali perdit tout l'argent qu'il avait sur lui; puis, sur parole, tout l'argent qu'il avait dans sa maison; — puis sa maison elle-même, puis sa campagne, puis ses rentes, puis ses meubles, puis sa montre et ses bagues, puis ses tableaux, puis ses portraits de famille, puis la fin du bail d'une ballerine qu'il avait affermée, puis ses chevaux, puis son chien. Quand il eut perdu ce dernier coup, il resta un moment stupéfait et anéanti, puis :

— Monsieur, dit-il au Milanais, voici une clef qui ouvre et mes maisons de ville et mes maisons de campagne et tous mes tiroirs; tout est à vous. Voici une autre clef avec laquelle on entre chez la ballerine. Pauvre fille, un peu de changement la désennuiera.

Pour ce qui est du chien, il s'appelle Méo. Il m'aimait beaucoup; mais donnez-lui beaucoup de viandes, probablement il ne tardera pas à m'oublier.

— Vous êtes, monsieur, ajouta-t-il, colonel d'un régiment; obligez-moi de me faire un engagement comme soldat dans ce régiment, car je trouverai là ce que je n'ai plus : un asile, du pain et des habits, et peut-être une occasion honnête de me faire tuer. A propos, voulez-vous jouer ma vie contre une pièce de monnaie ?

— Je vous aurais donné encore une revanche, monsieur, dit le Milanais, si vous m'aviez proposé un autre enjeu; mais celui-là, je ne suis pas assez riche pour le enir.

— Que voulez-vous que je joue, monsieur? Je n'ai absolument plus rien. Ah, parbleu! je me trompe, j'ai encore un arbre, un oranger, celui que j'ai gagné à mon cousin Giuseppe il y a vingt-quatre ans. Mais contre quoi jouer un arbre?

— Contre un autre arbre.

— Ma foi! puisque vous le voulez bien... cette fois je n'aurai plus rien du tout.

On joua donc l'*Albero d'oro* contre un autre oranger de ceux qu'Impériali avait déjà perdus, Impériali gagna.

— Jouons donc deux orangers, dit le Milanais; aussi bien il pleut et nous ne pouvons rentrer chez nous.

Impériali gagna les deux orangers. La foule des spectateurs qui avait entouré les deux joueurs pendant les péripéties de leur première partie, les abandonna quand on les vit jouer de pareilles misères.

Impériali gagna quatre orangers; il en joua huit et les gagna.

Le Milanais s'était accoutumé vite à la bonne fortune; il se piqua et voulut regagner ses huit arbres : il en perdit huit autres. La veine avait changé : le Milanais, au dixième coup, devait à Impériali pas mal d'orangers. Il avait laissé partir un gros juron : les spectateurs étaient revenus. — Monsieur, dit le marquis Impériali, ne jouons plus.

Mais le Milanais était irrité de la trahison de la fortune; « il lui sembla honteux de perdre devant les témoins de son triomphe de tout à l'heure. » D'ailleurs que jouait-on? une bagatelle, des orangers!

On se contentait de compter les coups sans faire le compte des orangers perdus et gagnés, compte qui serait à faire, si, contre toute apparence, un coup ne venait pas mettre Impériali hors de combat. On avait commencé à jouer à neuf heures du soir. Le lendemain, à midi, nos deux hommes mouraient de faim; ils suspendirent la partie et se firent donner à déjeuner sur un plateau près de la table de jeu.

Tout en déjeunant, le Milanais dit : — Combien cela fait-il de coups que vous gagnez?

— Je ne sais, reprit Impériali, mais ces deux messieurs les ont marqués.

— Le marquis a gagné vingt-quatre coups.

— C'est une singulière veine, dit le Milanais.

— Pas plus singulière que celle de notre partie sérieuse d'hier soir.

En effet, personne de ceux qui avaient vu jouer des maisons, des fermes, des rentes, ne prenait au sérieux une partie où il ne se mettait au jeu que des orangers.

— Avez-vous assez mangé? dit Impériali.

— Oui, reprit le Milanais, que l'on ferme les volets, on joue mal au soleil, et que l'on allume d'autres bougies.

— Monsieur, dit le marquis, je croirais abuser de votre courtoisie en jouant plus longtemps.

— Encore un coup, dit le Milanais, et ce sera le dernier.

Le Milanais perdit encore.

On cessa de jouer. Quelqu'un s'approcha du marquis et lui dit :

— Si vous aviez eu cette veine lors de la première partie... Il est triste d'user son bonheur sur des bagatelles.

— Oh! mon Dieu! s'écria alors un des spectateurs.

— Qu'avez-vous !

— Mais c'est incroyable ! c'est impossible !

— Quoi ?

— Il faut que je recompte.

— Que diable prend-il à ce monsieur! disaient les assistants.

Cependant il avait refait son compte, et dit :

— Messieurs, le marquis Impériali a gagné plus d'orangers qu'il n'en existe dans toute l'Italie.

Et il dit le chiffre.

Je ne me le rappelle pas bien, mais cela devait être quelque chose comme une quarantaine de millions d'orangers.

Comment le Milanais paiera-t-il autant d'orangers? Il fallut mettre un prix aux orangers. Cela fit un total effrayant. Et le marquis Impériali passa pour généreux en se contentant de reprendre tout ce qu'il avait perdu au commencement de sa soirée et un beau cheval appartenant au Milanais.

Voilà d'où vient, dit-on, la campagne où se trouvait,

l'oranger légué par le cousin Giuseppe, campagne que le marquis acheta depuis, et qui est restée sous le nom de l'Arbre d'or, l'*Albero d'oro*.

Je répète que je ne garantis pas l'authenticité de cette histoire.

Mais un nom illustre comme celui des Impériali peut supporter beaucoup d'histoires de ce genre ; d'ailleurs, cela n'a jamais déshonoré personne, d'être heureux, cela peut tout au plus faire haïr; mais on ne peut être heureux à moins : c'est à prendre ou à laisser. Cela accompagne si régulièrement le bonheur, comme le coassement des grenouilles une belle soirée d'été, qu'il semble que la haine fasse partie du bonheur, et qu'elle avertisse les gens distraits qu'ils sont heureux.

III

A M. TOURRET

ANCIEN MINISTRE DE L'AGRICULTURE.

Depuis quelque temps j'avais entendu dire tant de sottises et d'énormités, — j'avais moi-même dit et répété si inutilement des choses que je croyais raisonnables et honnêtes, que j'étais un peu dégoûté du langage. — Voilà plusieurs mois que dans un pays dont je ne sais pas la la langue, je n'entends rien de ce qui se dit autour de moi, — plusieurs mois que je ne parle pas, et je m'y accoutume.

Cependant il m'arrive parfois de ressentir une forte envie de jaser quelque peu, — et selon le sujet qui m'occupe, je m'adresse mentalement à quelqu'un de ceux que j'ai connus, rencontrés, aimés autrefois. C'est pourquoi, monsieur Tourret, je vous adresse cette lettre. — Nous nous sommes peu vus, mais je n'ai pas oublié et je n'oublierai pas les quelques demi-heures qu'en trois ou quatre fois nous avons employées à causer d'un objet qui nous intéresse également. — Nous étions d'accord sur ce point entre autres qu'il est antisocial que, dans le langage familier des affaires publiques, les ministères de l'instruction, de la justice et de l'agriculture s'appellent « les petits ministères, » à tel point que les gros bonnets de la politique ne les accepteraient à aucun prix, et que parfois on en donne un comme appoint à un fonctionnaire déjà chargé d'un autre département. Nous pensions tous deux que l'homme naît laboureur, — qu'il est d'une mauvaise morale et d'une mauvaise politique de l'engager, — par la fortune, par les honneurs, — c'est-à-dire par l'avarice et par l'ambition, à abandonner la charrue et les champs. Nous pensions tous deux que c'est une idée fausse que de ne donner de l'éducation aux enfants des paysans que pour les faire sortir de leur sphère. — Nous pensions que personne n'est trop savant pour être agriculteur, et que presque personne ne l'est assez. Nous pensions qu'il ne suffit pas de faire de temps en temps un discours sur l'agriculture, qu'il faudrait appliquer nettement les principes auxquels ces discours font allusion.

L'égalité ne consiste pas à être tous la même chose, mais à arriver à la même supériorité et à trouver les mêmes droits, chacun dans sa profession. Le bon laboureur est l'égal d'un grand poëte et d'un grand homme d'État. — Mais un poëte médiocre et un brouillon ou un parvenu sans talents ne sont pas du tout les égaux d'un bon laboureur. Moi, je ne pouvais que dire et répéter cela. — Vous, j'ai cru un moment que vous alliez le mettre en pratique. Il y a, dit-on, à la Chine, une fête qui se célèbre en grande pompe chaque année et pendant laquelle l'empereur conduit la charrue et trace lui-même un sillon. Je suis bien sûr que là le ministère de l'agriculture n'est pas un petit ministère. — C'est honnête, c'est raisonnable, c'est grand. — Je serais volontiers garçon de bureau dans un ministère comme celui-là.

Il est une situation bizarre et illogique: l'intermédiaire entre le cultivateur et le consommateur est un être un peu parasite, dont la profession est d'acheter trop bon marché au cultivateur et de revendre à l'autre trop cher. De sorte que, si les deux exploités faisaient un pas de plus et se tendaient la main, ils feraient tous deux une très-bonne affaire et partageraient le bénéfice que fait sur eux, en les séparant sous prétexte de les aboucher, l'intermédiaire, qui se trouverait supprimé. Eh bien ! s'il y a quelque chance d'arriver à la fortune, quelque chance d'arriver aux grandes positions et aux honneurs par l'agriculture, il est incontestable que c'est l'intermédiaire qui en profitera. — Celui qui achète et revend le blé sera plus riche, plus considéré que celui qui le sème et l'arrose de sa sueur. — Si vous voyez un homme décoré, par exemple, au nom de l'agriculture, on peut être à peu près certain que c'est un intermédiaire.

Depuis que nous sommes séparés, monsieur Tourret, j'ai fait de mon mieux un roman sur cette tendance funeste, qui ne laisse dans les campagnes que les bras sans tête, — qui fait que si un agriculteur a deux fils, il ne garde avec lui que le moins intelligent et envoie l'autre étudier à la ville. — Ce roman s'appelle *Clovis Gosselin*. — Ça n'a pas été pris au sérieux, parce que ça n'est ni pédant ni ennuyeux. — Parce que je ne mets pas mes drogues dans des fioles noires avec des inscriptions lugubres en latin, on ne m'acceptera jamais comme docteur. — Les hommes n'admirent volontiers que les choses qu'ils ne comprennent pas et les hommes qui leur font du mal : — les gros livres, dont un sage grec (Callimaque) disait : Un gros livre est un grand mal, — et les héros, dont j'ai parlé dans une lettre précédente et ailleurs.

C'est donc avec vous, monsieur Tourret, qu'il m'a pris un grand désir de causer un peu de ce que je vois ici sous le rapport de l'agriculture, du jardinage et des relations directes avec la nature.

On m'avait dit à Marseille : Gênes est la ville des beaux bouquets. — C'est une des réputations les plus usurpées que j'aie vues. D'abord, les Génois n'aiment pas les fleurs. Cela ne va pas, je le sais bien, jusqu'à arracher celles qui poussent naturellement sur cette terre si riche et sous ce soleil si fécond. Mais les planter, mais les cultiver, mais les rassembler seulement? ils s'en donneraient bien de garde !

Expliquons l'erreur.

Pour un étranger, il y aurait à s'y tromper pendant quelques jours. — Beaucoup de fleurs que nous cultivons avec sollicitude dans nos jardins de France, sont sauvages dans les campagnes de Gênes. — Le myrte est sauvage, le jasmin blanc est sauvage, le genêt d'Espagne est sauvage. — La valériane rouge fleurit sur les murailles ; les grenadiers développent leurs fleurs éclatantes dans les taillis avec les cistes ; les lauriers-roses répandent leur suave odeur sur le bord des ruisseaux et découpent leurs fleurs roses sur le fond bleu de la mer ; les pois vivaces grimpent dans les haies, au pied desquelles ouvre ses cloches la grande campanule violette ; les glaïeuls fleurissent dans les blés, les œillets de poëte sur le bord des chemins, les lis oranges sur la lisière des bois de châtaigniers. — Les orangers, les citronniers, les camellias, les géraniums, les jasmins d'Espagne végètent et fleurissent en plein air.

Eh bien ! avec tous ces éléments, je n'ai pas vu à Gênes un jardin où il y ait en réalité des fleurs. Elles y sont rares, peu variées. Mais comme ce sont précisément celles qui sont rares en France, à cause du climat, cela n'étonne pas au premier coup d'œil ; ce n'est qu'après quelque temps qu'on s'aperçoit que les maîtres des jardins ont trouvé moyen d'être pauvres au milieu de tant de richesses.

C'est ce que fait à un autre point de vue une certaine petite secte littéraire : ses membres ont remarqué avec raison qu'on laisse dormir dans les dictionnaires et dans les vieux auteurs deux cents mots dont une centaine méritent d'être conservés ; — que la plupart des écrivains font sottement ce que ferait un peintre qui ne se servirait que de six couleurs sur sept et exécuterait de la peinture oligochrome ou aristochrome, — ils ont exhumé les deux cents mots dont cent méritent d'être conservés, et les maîtres de cette petite secte les ont ajoutés aux mots ordinairement employés. — Il vaut mieux avoir cent mots de trop que cent mots de moins dans son dictionnaire ; — mais graduellement les maîtres sont arrivés à faire revenir un peu plus souvent qu'à leur tour ces mots qu'ils aiment, ces mots qu'ils ont retrouvés, ces mots qu'ils considèrent comme une propriété à eux, comme leur patrimoine. — Les gens à la suite, les dévots à petits grains, les fanatiques de cette petite secte, ont naturellement entre ces deux cents mots accordé une affection particulière aux cent qui ne méritaient pas de revoir le jour, — et ils ne se servent plus que de ces cent mots, oubliant tout le reste de la langue dans leur dédain, — et ils croient avoir à eux une langue plus riche et plus abondante que les autres, — et par haine de la peinture à six couleurs, ils font de la peinture monochrome et monotone.

De même, quand on voit en plein air des orangers, cet arbre si triste en France dans ses lourdes caisses, — une boule sur un carré, — on sent une vive admiration. L'oranger n'est pas plus naturellement taillé en boule qu'il n'a naturellement une caisse verte carrée sous les pieds. Ses fleurs à la fin de l'hiver et au printemps, ses fruits presque toute l'année, ses feuilles persistantes en font un arbre très-agréable. Mais au bout de quelque temps qu'on ne voit que des orangers, on trouve l'arbre monotone ; il l'est du reste par sa forme ; rien de capricieux, rien de noueux, rien de rugueux dans son tronc ni dans ses branches ; ses feuilles vernies, dures, coriaces, qui restent deux ans sur l'arbre et sont déjà remplacées quand le vent les emporte, n'ont pas le charme des feuilles d'une étoffe souple, molle et vivante des arbres vulgairement appelés à feuilles caduques. — On peut se rendre compte de cette impression par une comparaison avec une plante vulgairement appelée immortelle : — c'est une fleur jaune, blanche, rose ou violette, dont les pétales sont secs comme du papier ou de la paille, et qui ne se fane pas par une raison très-simple, c'est qu'elle n'a jamais eu de fraîcheur à perdre ; comme les cailloux ne meurent pas par la raison qu'ils ne sont pas vivants. On a consacré cette fleur — l'immortelle — à exprimer l'admiration et le regret, deux sentiments qui ne demandent qu'à finir, deux sentiments dont on s'acquitte et dont on se débarrasse le plus tôt possible. Il est bien plus commode d'exprimer une fois pour toutes une admiration obligatoire et de n'y plus revenir. Il est bien plus facile d'accrocher une fois par an une couronne d'immortelles aux angles d'un tombeau que d'y apporter tous les soirs, au moment où les cyprès se découpent noirs sur le couchant orangé, une fleur qu'on est allé cueillir là où le mort en cueillait avec vous.

Eh bien ! ces arbres dont on ne voit pas les feuilles se déplisser molles et tendres au printemps, dont on ne voit pas à l'automne les feuilles se revêtir des teintes magnifiques de la topaze, du rubis et de l'hyacinthe ; ces arbres sont très-inférieurs aux autres sous le rapport des sensations qu'ils nous donnent. — Les oiseaux, qui s'y connaissent, n'aiment pas les orangers, n'y bâtissent pas leurs nids et n'y chantent pas leurs chansons.

L'oranger, mêlé aux autres arbres, est un arbre ravissant ; il n'a pas ce qu'ont les autres, mais les autres n'ont pas ce qu'il a. Ses pommes d'or, presque aussi parfumées que les fleurs, semblent, sous le soleil, une illumination et une fête. Le citronnier, dont les fleurs blanches sont légèrement teintées de violet, dont les fruits d'un or pâle brillent encore plus que ceux des orangers, est toujours, et sans intervalle, chargé à la fois de fleurs épanouies et odorantes, de fruits verts et de fruits jaunes; moins que l'oranger, il provoque le jardinier à le tailler en boule; il est un peu plus capricieux, un peu plus volontaire, un peu plus indépendant; — s'il lui plaît de pousser une grande branche à droite, il ne se croit pas obligé, comme l'oranger, d'étendre en même temps à gauche un scion de la même longueur.

Oranger et citronnier, tous deux sont charmants, mais il ne faut pas qu'ils se réunissent en trop grand nombre, comme des conjurés, pour chasser des jardins les grands arbres forestiers, les chênes, les platanes, les sycomores, les châtaigniers, les peupliers, les hêtres. — Une autre raison aussi leur ôte du charme, — c'est qu'on voit bien qu'ils ne sont pas plantés là pour leur plaisir, pour s'amuser à fleurir, à sentir bon, à héberger les oiseaux qui payent l'hospitalité en chansons harmonieuses. — Les Génois sont trafiquants. — Les trafiquants sont les mêmes partout. — J'ai vu trois villes où il y a beaucoup de trafiquants, le Havre, Marseille et Gênes. — Eh bien, j'en ai conclu que les distinctions géographiques sont une erreur. — Il n'y a pas, pour le philosophe, des Italiens, des Anglais, des Français. — Non. — Le soleil n'échauffe que la peau; — les passions échauffent le sang. — Il y a la nation des trafiquants, la nation des poëtes, la nation des imbéciles, la nation ou plutôt la bande timide des honnêtes gens. — Ces nations diverses ont beau être éparses, on les reconnaît sous les différentes latitudes à des signes identiques. — Les trafiquants de Gênes, ceux de New-York, ceux du Havre, sont un seul et même peuple. — Les niais de Boston, ceux de Paris, ceux de Pékin, sont une nation homogène ; ils ont les mêmes crédulités, les mêmes admirations, les mêmes ingratitudes.

Les honnêtes gens partout reçoivent les mêmes avanies, les mêmes dédains et boivent la même ciguë.

Moi qui ai longtemps habité le Havre, — j'ai reconnu les Génois tout de suite ; je vous reconnais, vous êtes des trafiquants.

On leur a bâti une immense terrasse sur des arcades au bord de la mer et au-dessus de leur magnifique port ; — cette terrasse est en marbre blanc. Je vis en m'y promenant des caractères tracés au crayon sur le marbre. — Ah ! dis-je, un poëte a écrit sur le marbre les pensées que lui inspiraient le coucher du soleil, les splendeurs de ce ciel d'en bas, — de cette grande mer bleue. — J'approchai. Voici la copie exacte de ce qui frappa mes yeux :

28,245 livres neuves de Piémont.
9,773
———
18,512

« A chaque pas, il y avait une addition, une soustraction, une multiplication faite au crayon sur le marbre blanc ; je crus pouvoir me contenter de copier seulement la première qui me tomba sous les yeux.

4.

h bien, les Génois, — ceux qui sont marchands et ceux dont les pères l'ont été, — ne se résignent pas à l'idée d'un capital improductif. — Soit qu'ils passent quatre mois de l'été à la campagne et dans leurs jardins, soit qu'ils n'y viennent que le dimanche, — ils ont bien vite calculé la valeur de leur campagne, le prix des plantations, l'intérêt que peut gagner un argent un peu laborieux, — et ils s'effrayent de savoir combien leur coûterait chaque heure de repos, de plaisir, de rêverie sous les cimes parfumées. — Ils veulent que les arbres de leurs jardins fassent de l'argent et gagnent leur vie. — Ils sont marchands d'oranges et de citrons ; — les arbres ne sont pas des arbres heureux qui fleurissent, qui exhalent leurs parfums, — ce sont des ouvriers qui travaillent, qui produisent des citrons ; des ouvriers qui font de la marchandise ; — ça leur donne l'air triste. Et, en effet, ils doivent obéir aux intérêts du commerce. — Il y a de petits orangers de Chine à feuilles étroites, à fruits gros comme une pomme d'api. — Ces fruits, rassemblés en groupe, ne jaunissent jamais sur l'arbre, où ils seraient charmants ; — on les vend mieux verts pour les confiseurs, et on les cueille verts. — On cueille les citrons et les autres oranges au moment le plus favorable pour la vente, sans songer à laisser à quelques arbres un ornement qu'ils garderaient presque toute l'année. — Il y a dans tous les jardins de grands carrés de jasmin d'Espagne. — Je me disais : Comme les jardins doivent être parfumés pendant les nuits d'août et de septembre ! — Eh bien, non. — On cueille tous les jours les fleurs des jasmins « pour les fabricants de pommade. » Les fleurs s'épanouissent vers une heure de l'après-midi et sont enlevées à cinq heures. — Elles restent sur l'arbuste pendant le temps où la chaleur empêche de rester au jardin.

Si on ne cueille pas les fleurs des orangers et des citronniers, si on les laisse s'épanouir sur les arbres, c'est que les oranges et les citrons se vendent plus cher que les fleurs.

Pour les bouquets de Gênes, ils sont énormes, et voilà tout l'éloge qu'on en peut faire. Un bouquet un peu honnête est de la largeur d'un parapluie et de la figure d'une cocarde ; il se compose invariablement de cercles de fleurs blanches, bleues, rouges, jaunes.

A propos de la couleur jaune, j'ai été longtemps à comprendre ce que voulaient me dire quelques-uns des habitants de ce pays qui parlent français. S'ils avaient parlé franchement italien et moi nettement français, nous aurions fini par nous comprendre ; mais moi parlant leur langue et eux la mienne, et nous en servant aussi mal les uns que les autres, cela produisait des cacophonies et des quiproquos perpétuels. On me désignait les fleurs jaunes par deux mots que j'entendais toujours ainsi : « couleur de jaloux. » Cela ne m'étonnait pas beaucoup : il est convenu en France qu'on porte en jaune le deuil des inconstants. Cependant je trouvais la plaisanterie monotone, et je me fis écrire la phrase, qui est celle-ci : *Color giallo*, et que l'on prononçait, du moins à Nervi, et pour parler français : *Coulor d'giallou*.

J'ai vu les jardins de Gênes et les environs : — il n'y a

pas de fleurs dedans. — J'ai vu le *Peschiere*, — jardin assez étendu dans lequel on a emprisonné de belles sources dans une multitude de fontaines de mauvais goût qui déshonorent à la fois l'eau et le marbre. — Ce jardin est une fabrique de camellias pour le commerce.

La villa Pallavicini, à deux lieues de Gênes, est un grand jardin assez bien dessiné dans presque toutes ses parties, admirablement dans une. Les propriétaires n'y vont jamais, afin de ne pas déranger les visiteurs. Quant un Génois ou un étranger veut visiter la villa Pallavicini, il demande ou fait demander une permission par écrit. Un secrétaire, disons mieux, un chancelier spécial, envoie une permission imprimée et numérotée. La permission qu'on avait demandée pour m'y conduire portait le numéro 16,881. — On est reçu à la villa Pallavicini par un peloton de jardiniers bien vêtus ; celui dont le tour est arrivé marche devant vous et ne vous permet pas de vous écarter d'une semelle de l'itinéraire, qu'il sait par cœur et qu'il récite ; — en effet, d'une part, il ne lui est peut-être pas possible d'intervertir son récit : il vous expliquerait des choses absentes ; — et d'autre part, ce jardin ayant quelque chose du logogriphe, on pourrait trouver le mot trop vite. — On fait comme certains lecteurs qui ne négligent jamais de lire tout d'abord la fin du roman. — Ce n'est pas parmi ceux-là que le romancier suppose ce lecteur fantastique, indulgent, bienveillant, auquel il donne des explications, auquel il se plaint des injustices de la critique, et qu'il appelle « ami lecteur. »

Après avoir gravi en tournant, sans presque s'en apercevoir, pendant une demi-heure, parmi des arbres très-peu variés, — après avoir rencontré une ou deux sources que l'on a laissées libres de courir, de sauter, de murmurer à leur gré, — on descend dans une caverne sombre où pendent de magnifiques stalactites que l'on n'aperçoit qu'à mesure que les yeux s'accoutument à l'obscurité. — On avance sur les pas du guide, et bientôt on entend le bruit d'une chute d'eau, et l'on voit, entre des roches, un étang fermé, sur le bord duquel de grosses carpes viennent curieusement vous regarder. Là, un batelier vous attendait; votre guide vous salue, vous souhaite un bon voyage et se retire ; vous montez dans le bateau, qui suit quelques sinuosités entre de gros rochers, puis, tout à coup, vous sortez de la caverne et vous vous retrouvez au grand air, au grand soleil, sur le même étang, qui, par un habile effet de perspective, paraît terminé par la mer, car en effet elle se trouve à mille pas de là, espace que les pentes, adroitement calculées, dissimulent complétement. A une des extrémités de l'étang, le sol monte et la côte se termine par de grands aloës qui découpent leurs feuilles vertes et aiguës sur le fond bleu de la mer, la même habileté ayant fait disparaître pour les yeux la distance qui sépare la mer de ce côté de l'étang.

Malheureusement on a cru devoir enlaidir ce petit coin, ce petit jardin des fées, par des fabriques de mauvais goût, — des kiosques chinois dorés, etc.

Là il y a quelques azalées et quelques camellias, — mais le petit nombre est très-peu varié, — et très-peu d'autres fleurs, — et pas un plant aquatique dans l'étang,

— sur lequel on regrette également de ne pas voir quelques cygnes et quelques canards. Là vous retrouvez votre premier guide qui vous reprend pendant que le batelier va dans le caveau attendre une autre « société » pour laquelle on jouera exactement la même petite scène de comédie qui vient d'être représentée devant vous. — Je dis que le guide vous reprend, — car il n'y a pas de danger qu'on vous abandonne un instant à vous-même : — il faut vous arrêter là où l'indiquent l'itinéraire et le morceau que récite le guide, — et ne pas vous arrêter quand il ne vous y engage pas. On vous conduit après quelques détours dans une tonnelle couverte de beaux rosiers ; — le guide vous invite à entrer sous la tonnelle, puis là, poussant sournoisement un ressort caché, il met en liberté trois à quatre jets d'eau qui vous inondent. Comme vous avez traversé deux lieues de poussière, l'eau la délaye et vous couvre de boue ; il y a des personnes qui rient.

Vous récompensez le guide et vous vous en retournez en faisant la liste très-nombreuse des arbres, des arbustes et des fleurs dont vous avez regretté l'absence dans ce beau jardin.

Le jour que je suis allé voir la villa Pallavicini, ce n'était pas un dimanche, jour pendant lequel, m'a-t-on dit, les visites sont plus fréquentes. Quatre guides étaient occupés à faire le même récit, par les mêmes chemins, à quatre « sociétés » différentes, en répétant scrupuleusement les mêmes épisodes.

On raconte trois histoires, dont au moins deux contes,

sur la création de la villa Pallavicini. — S'il faut absolument choisir, je crois qu'il faut choisir la dernière comme la plus honnête. — Quand un homme a deux noms, dit un philosophe, il faut l'appeler du plus doux. — Si votre ami est borgne, regardez-le de profil, du côté où il a son œil, bien entendu.

La première histoire est celle-ci : Un ancêtre des Pallavicini avait quelque chose à expier, on ne dit pas quoi, à l'égard des habitants de Pegli ; par son testament il exigea que son fils leur donnât de l'ouvrage pendant un certain nombre d'années jusqu'à concurrence d'une somme fixée. — C'était un marché que le défunt avait passé avec Dieu, par l'intermédiaire d'un prêtre, moyennant quoi Dieu, toujours par l'intermédiaire du prêtre, avait promis de lui faire grâce du purgatoire, auquel il avait des droits indiscutables.

Pour donner de l'ouvrage aux gens de Pegli, il fallait faire quelque chose : on fit la villa, qui a nécessité de grands remuements de terrain.

Voici la seconde histoire. Un Pallavicini avait épousé une femme, belle et fière personne, qui ne se contentait pas que son nom désignât une des plus charmantes femmes de Gênes. Elle reprochait souvent à son mari de ne rien faire qui laissât pour la postérité des traces de leur passage dans la vie. Telle famille, disait-elle, a bâti une église de marbre, telle autre un couvent, et vous, vous ne faites rien, vous n'êtes bon à rien.

Le seigneur Pallavicini se piqua, — fit chercher un architecte, le conduisit à sa terre de Pegli, et lui dit :

Faites-moi un jardin très-cher et très-beau ; aussitôt que ce sera fini, vous m'avertirez ; ne ménagez ni le temps ni l'argent. — L'architecte présentait ses mémoires ; l'on payait sans discuter. — Enfin au bout de huit ans, il fut établi que, pendant huit ans, il avait été employé tous les jours quatre cent cinquante ouvriers. Alors le seigneur Pallavicini alla trouver sa femme et lui dit : « Signora, j'ai fait quelque chose, venez le voir. » Ils allèrent ensemble à Pegli, — examinèrent le jardin, le trouvèrent beau, louèrent et payèrent l'architecte, et ne pensèrent plus à y retourner.

Troisième histoire. — A une époque de grande misère dans le pays, un Pallavicini fit faire ce jardin, simplement pour occuper quatre cent cinquante hommes pendant huit ans.

Remarquez ceci, que dans ces trois anecdotes, dont l'une est peut-être vraie, dont deux au moins sont inventées, la réalité probable et l'imagination certaine s'accordent sur un point, — c'est que le jardin de la villa Pallavicini n'a pas été créé parce que le Créateur aimait les jardins et les fleurs.

L'Aqua Sola est une belle promenade plantée d'acacias, sur une des hauteurs de la ville. Au milieu est un gazon, dans lequel végètent des orangers et des lauriers-roses. On s'y promène seulement vers le soir, c'est-à-dire pendant les deux dernières heures du jour. Là, dans une allée qui entoure la promenade, quelques cavaliers s'efforcent, avec une affectation trop peu dissimulée, d'attirer laborieusement les regards. — Jamais je n'ai vu autant tracasser de pauvres chevaux de la main et des jambes. La partie de cette allée qui longe celle préférée par les piétons ne compte que pour un quart dans la route circulaire que les cavaliers parcourent. — Or, ces mêmes chevaux qui se défendent, piaffent et caracolent pendant vingt-cinq pas, une fois sortis de la partie de l'allée où les cavaliers espèrent être vus, une fois hors du théâtre, font le reste de la promenade d'un trot nonchalant, la tête basse, le col allongé, comme des acteurs dans les coulisses.

La nuit venue, on va se promener dans les rues, c'est-à-dire dans trois rues : via Carlo-Felice, via Nuova et via Nuovissima.

Ces rues sont pavées de larges dalles, toujours admirablement propres, sur lesquelles les femmes peuvent traîner impunémnnt leurs robes de soie.

Puis on va prendre, au café de la Concorde, des glaces et des sorbets. — La Concorde est un jardin planté de grands orangers, de grands citronniers et de lauriers-roses hauts comme des tilleuls. On y arrive par un péristyle et un escalier de marbre blanc. — Quelques salons, magnifiquement ornés et dorés, ne sont occupés que lorsqu'il n'y a plus de place dans le jardin. Les glaces et les sorbets coûtent quatre sous, ou huit sous, selon le nom ou la grosseur. Outre les glaces parfumées aux fruits, comme chez nous, on en trouve là qui le sont au jasmin, au géranium, au thym, à la sauge, à la verveine, au basilic, etc. — On fait, à la Concorde, de la musique qui, comme toute celle que j'ai entendue à Gênes, presse un peu le mouvement, mais qui sous ces orangers chargés de fleurs d'argent et de fruits d'or, sous ces lauriers aux fleurs de pourpre pâle, fait de la Concorde le plus joli cabaret qu'on puisse voir.

Le matin, on y prend du chocolat très-bon, qu'on paye quatre sous la tasse, et du café au lait glacé qui n'est pas beaucoup plus cher. On a le droit d'y mal dîner de quatre à six heures au même prix que partout ailleurs.

Pour ce qui est des fleurs, il n'y en a pas dans le jardin d'autres que celles des orangers et des lauriers roses. Mais une marchande sous le péristyle fait et vend de ces immenses cocardes qui s'appellent à Marseille les magnifiques bouquets de Gênes.

Le sol de Gênes est fort inégal. Pour en juger, il faut aller sur le pont de Carignan. Ce pont, haut de plus de cent cinquante mètres, a été jeté d'une colline à l'autre; sous son arche unique sont des maisons de cinq, six, sept et huit étages. Celles de ces maisons qui sont bâties sur les versants des collines se trouvent avoir par derrière un sol beaucoup plus élevé que du côté de la façade; elles en profitent pour avoir des jardins à tous les étages. On y a un jardin au cinquième aussi bien qu'au rez-de-chaussée. Ce jardin n'est pas un jardin suspendu comme les terrasses de Paris, un jardin orné de pots et de caisses, nourrissant d'une terre avare de maigres plantes. Non, ces jardins, petits à la vérité, sont en plein sol et ombragés d'orangers et de figuiers. Ils ressemblent aux plus grands et aux plus riches, et comme eux, ils n'ont pas de fleurs. Je vais quelquefois à Gênes chez un très-bon et très-excellent homme, qui veut bien m'aimer un peu à cause des embarras que je lui cause et des corvées que je lui donne. Il signor Giuseppe Merello n'est heureux que quand on lui fournit l'occasion de rendre quelque service. Comme je demeure à plusieurs lieues de Gênes, il m'arrive parfois d'être assez longtemps sans le voir, et alors il m'accueille d'un air un peu sérieux ; mais je n'ai qu'à dire en entrant : « J'ai besoin de vous », son intelligente figure s'épanouit ; — et si j'ajoute : « C'est quelque chose de difficile et d'ennuyeux que je veux vous prier de faire pour moi », alors tout est expié, et il me pardonne complétement ma négligence apparente. Eh bien ! il signor Giuseppe Merello habite le deuxième ou le troisième étage, d'une maison de Gênes. — En sortant de son appartement, on monte au jardin, un étage plus haut, un vrai jardin planté de vrais arbres, orangers, citronniers, abricotiers. On y cultive des fèves, des pois, des haricots, etc. Outre le jardin, il y a là une basse-cour très-bien habitée. Du jardin on voit toute la ville de Gênes avec ses maisons peintes et la mer bleue à l'horizon.

Parlons de la campagne et des jardins de rapport. Ils le sont tous plus ou moins, je vous l'ai dit. Tous les jardins sont sur le même plan. Cinq ou six longues tonnelles de vignes dans la longueur et dans la largeur des jardins, des oliviers, des orangers, des citronniers, des figuiers, qui produisent une douzaine de variétés de figues exquises ; des pêchers, affreux arbres difformes, grêles, mal venus, non greffés, qui rapportent, du moins quelques-uns, d'assez grosses et très-excellentes pêches jaunes, dont une variété, dure comme des pommes, se pèle et se croque comme elles; des cerisiers produisant des cerises magnifiques, excellentes et variées ; des abricotiers, des poiriers d'espèces nombreuses et seulement passables; des pommiers donnant de très-bonnes pommes, déjà mûres et mangées au mois de septembre. Je ne sais pas comment ils les conservent, mais on en vendait au mois de juin dans les rues de Gênes, qui étaient évidemment des fruits de l'année précédente. Elles étaient très-fraîches et nullement ridées.

Un très-joli fruit est celui du néflier du Japon : c'est un arbuste cultivé en France, dans certains jardins, et curieux pour son large et beau feuillage gauffré. — Arbre ici, il donne au mois de mars et d'avril de petits fruits lisses, d'un beau jaune, d'une saveur acide et sucrée fort agréable.

Si les vignes sont malades en France, elles sont ici à peu près mortes. L'année dernière, elles n'ont pas donné de raisin ; cette année, elles ne donnent pas de feuilles. On ne fait aucun essai pour lutter contre la maladie : on ne fait plus de vin, on boit de l'eau avec du citron. Quelques propriétaires arrachent les vignes et les remplacent par des citronniers, qui sont un excellent produit et donnent une récolte chaque mois.

Nous voici aux légumes. C'est la partie peu brillante, et cela parce que les cultivateurs ne veulent pas qu'il en soit autrement. La terre est très-fertile, le soleil prodigieusement fécond. Leurs amours perpétuelles ne peuvent être stériles. Mais quand la nature fait tant, l'homme, qui est naturellement paresseux, se met avec ardeur à ne rien faire.

Ici on plante un peu, on ne récolte pas mal et on ne cultive pas du tout. Le cultivateur, le *manant*, met en plant ou sème un certain nombre de plantes et de graines, puis il va pêcher à la ligne au bord de la mer, en attendant la récolte.

L'artichaut est un gros chardon parfaitement épineux. Les carottes sont en bois.

Pour ce qui est des autres légumes, les Génois ignorent l'art assez primitif d'échelonner leurs semis pour échelonner leurs récoltes. — On a des pois et des haricots verts pendant quelques jours seulement, et comme tout cela se vend à la livre, on les effarouche beaucoup quand on les demande un peu fins. Naturellement ils les cueillent le plus gros possible. C'est un raisonnement qu'ils ne saisissent pas tout de suite que celui qu'ils n'ont rien à perdre en augmentant le prix de la livre. Ils sont défiants ; tout ce qui n'est pas conforme à leurs habitudes les inquiète et excite leurs soupçons. Ils sont assez portés à croire qu'un marché est une lutte entre deux hommes, lutte dans laquelle le plus adroit et le plus heureux vole l'autre.

On plante et on récolte, — j'omets toujours à dessein le mot cultiver, — énormément de tomates, et elles sont excellentes. — On mange beaucoup de petites courges vertes à l'état où nos maraîchers coupent et jettent les melons qui surchargeraient les plantes.

On en est encore, et on en sera peut-être toujours, pour

les légumes, aux espèces médiocres et presque sauvages.
— On ne trouve à Gênes, en fait de melons, que nos anciens melons brodés qui ont presque disparu des marchés de Paris ; — mais les Génois ont beau faire, le soleil rend les melons passables, malgré l'infériorité de l'espèce. — Pour ce qui est de la salade, il n'y faut pas penser : au printemps, on coupe du semis de romaine. — On ne repique pas, on ne lie pas la salade. Pourquoi faire ? — On mange, en place de salade, des feuilles de chou cru ; — les petits pois également se mangent crus, ainsi que les fèves.

Pour ce qui est des bestiaux, c'est une autre affaire : — je voyais, à la fin du jour, de belles filles porter sur la tête de grands vases de cuivre que je supposais contenir du lait. Je dis que je supposais, car ce n'était qu'à moitié vrai, et ce n'est pas tout de suite que j'ai pu m'en assurer. Les femmes sont grandes, bien plantées, droites et cambrées. — Aussi, n'est-ce que sur la tête des plus petites que je pouvais voir ce que contenait le pot de cuivre ; et d'ailleurs, si quelques-unes portent ainsi du lait, le plus grand nombre portent de l'eau, que l'on va en troupe chercher, dans la saison de la sécheresse, à des fontaines quelquefois fort éloignées.

Plus tard, la nuit, j'entendais tinter des clochettes qui me rappelaient celles que portent au col les vaches éparses dans les pâturages de la Suisse. Une fois ou deux j'avais entendu de sourds beuglements. Je savais qu'il y avait du lait, — je soupçonnais qu'il y avait des vaches, mais j'habitais depuis deux mois une maison à la campagne, dans une ferme, et je n'en avais pas encore vu. Je trouvais au bord de la mer de grands herbages, d'herbe un peu rare, il est vrai, mais verte et appétissante : — jamais je n'y rencontrais une vache ; je crus un moment à du lait artificiel, quelque chose de plus fort qu'en France, où on met toujours un peu de lait dans la composition qu'on vend sous ce nom. J'allai aux informations ; on me dit que, non-seulement il y avait des vaches, mais encore qu'il y en avait beaucoup ; que non-seulement il y avait beaucoup de vaches, mais qu'encore elles étaient très-jolies et venaient de la Suisse. Je demandai à les voir, on me conduisit derrière la maison, et on me fit descendre cinq marches, puis on ouvrit une porte ; je vis là un endroit plein d'obscurité ; c'est-à-dire que d'abord je ne discernai rien, — mais mon odorat m'avertit que j'étais dans une étable. — Mon campagnard s'approcha d'une fenêtre et ouvrit un volet ; — je vis quatre vaches brunes aux cornes noires, petites mais bien faites.

— Est-ce qu'elles ne sortent pas aujourd'hui ? demandai-je.

— Elles ne sortent jamais.

— Et cette obscurité ?

— C'est toujours comme ça.

— Mais c'est affreux ?

— Elles mangent beaucoup moins que si elles étaient à même les prairies, et d'ailleurs nous n'avons pas de prairies.

— On peut toujours en faire.

— Ça n'est pas l'habitude.

— Mais vos vaches doivent être malades?

— Au contraire, c'est quand on les fait sortir qu'elles sont malades. En voulez-vous la preuve? Je vais en faire sortir une.

On fit en effet sortir de l'étable une de ces pauvres vaches : la vue du soleil lui fit mal aux yeux, le grand air la fit frissonner, elle trembla sur ses jambes, elle voulut faire quelques pas, elle faillit tomber.

Le paysan la fit rentrer, et me dit :

— Vous voyez bien!

— Mais, repris-je, ce n'est pas parce qu'elle sort qu'elle est faible et veule, c'est parce qu'elle ne sort pas assez souvent.

Il me laissa dire sans paraître convaincu le moins du monde, et il referma soigneusement le volet et la porte.

— Combien vos vaches vous donnent-elles de lait?

— Dix ou douze litres, les bonnes.

— Eh bien! en Suisse et en Normandie, ce sont les mauvaises qui donnent dix ou douze litres de lait.

— Ah bah! nous en avons bien assez; nous n'avons pas besoin de beurre, nous avons l'huile.

— Avez-vous essayé d'en faire, du beurre?

— Oui, mais on n'en fait que très-peu avec énormément de lait; il faut le vendre très-cher, et les bourgeois n'en veulent pas.

— Je le crois bien! votre lait est faible et presque comme de l'eau; — vos vaches sont scrofuleuses et lymphatiques.

Il me tourna le dos.

Je voulus voir comment on nourrissait ces pauvres bêtes, que je plaignais d'autant plus sincèrement qu'on les amène à l'âge de trois ou quatre ans de la Suisse, où elles sont restées jusque-là dans la montagne à même les pâturages.

Le Génois se nourrit fort mal, — depuis le grand seigneur jusqu'à l'ouvrier. — Le paysan ne se traite pas mieux qu'il traite ses vaches. — Voici ce que j'ai vu : — le matin le paysan se promène dans le jardin, il rassemble au hasard ce qu'il trouve pour faire la *minestra*.— La minestra est une soupe construite avec une sorte de gros vermicelle, auquel on mêle tout ce qu'on a pu trouver le matin; c'est une soupe qui prête beaucoup à la fantaisie. — En effet, je marche à côté du paysan, et il met dans une corbeille quelques haricots, quelques pois, de la poirée, de l'ail, de la bourrache en fleur, du thym, du serpolet, de grandes feuilles de chou, un peu de plant de salade, deux ou trois tomates, des coloquintes vertes, un citron, du basilic, de la sauge, etc. — Quand la corbeille est pleine, il la porte à la ménagère; aucune règle dans les proportions ; s'il n'y a que peu ou point de feuilles de chou, on y mettra plus de bourrache ou plus de serpolet. — La question est que la corbeille soit pleine. — On fait cuire tout cela dans de l'eau, on y ajoute quelques poignées de pâte, et la minestra est faite. Le dîner se complétera avec quelques fruits. Les plus belles et les meilleures figues que j'aie jamais vues et mangées se vendent la douzaine trois sous de Gênes; — or, le sou de Gênes n'a que quatre centimes. On m'a assuré que la mi-

5.

nestra était le fond du dîner de tous les Génois. — Quand la nourriture de la famille est assurée, on va à la chasse du dîner des vaches, — car il n'y a pas d'herbe naturelle ni semée sur laquelle on puisse compter. — Non, on cherche dans le jardin, on prend un peu par ici, un peu par là, un peu de ceci, un peu de cela. J'ai également suivi le *manante* pour le voir composer la minestra des vaches ; — il a d'abord cueilli et mis dans une corbeille un peu d'herbe venue par hasard au pied d'un figuier.— des feuilles de chou, du thym, du serpolet, — des feuilles de vigne, de la bourrache en fleur, des liserons, — beaucoup de la renoncule sauvage appelée bouton d'or.

La corbeille n'était pas pleine ; elle était bien plus grande que celle dans laquelle il avait récolté la minestra de la famille, et le paysan chercha longtemps sans rien trouver ; puis, tout à coup, avec sa serpe, il coupa une brassée de branches de jasmin, et il porta le dîner aux vaches. Cette façon de nourrir les bestiaux est toujours soumise à cette incertitude. Ayez donc beaucoup de lait, et de bon lait, quand vous nourrissez les vaches avec des bouquets !

On récolte sur les montagnes le plus fin, le plus parfumé et le meilleur foin que j'aie jamais vu ; mais on le coupe pour le faire sécher, et jamais on n'y mène les bestiaux.

La viande de veau est excellente. Les veaux sont élevés avec de la soupe au lait. On prétend qu'ils seraient moins bons s'ils ne couchaient pas sur des cailloux en place de litière : c'est une férocité dans le genre de celle qui crève les yeux aux oies ou aux canards pour qu'ils n'aient pas de distractions pendant qu'on les engraisse. Le mouton est médiocre. Le bœuf est assez bon, quand il n'est pas de la vache. Beaucoup de personnes ne se rendent pas bien compte de la différence de saveur qu'il y a entre la viande de bœuf et la viande de vache. Ce n'est pas parce que la première vient d'un bœuf et la seconde d'une vache, c'est parce que la première vient d'un jeune bœuf que son propriétaire a intérêt à tuer le plus tôt possible, et la seconde d'une vache qu'on se donnerait bien de garde de tuer tant qu'elle peut faire des veaux et donner du lait, c'est-à-dire tant qu'elle n'est pas vieille et conséquemment coriace, à moins qu'elle ne soit malade. Il n'y a pas à Gênes de bouchers comme en France. Il y a des marchands de *carne* de veau, des marchands de carne de mouton, des marchands de carne de bœuf. Personne ne vend deux sortes de viande, encore moins trois. Voici le prix de la viande :

  Le veau. . . . . . . 10 sous, tantôt 11 sous.
  Le mouton. . . . . 7 sous — »
  Le bœuf. . . . . . . 9 sous — 11 sous.
  La vache . . . . . . 6 sous — 7 sous.

Mais il s'agit de la livre de Gênes, qui n'a que douze onces. Il est vrai que le sou n'a que quatre centimes, mais cela ne se compense pas tout à fait.

On emploie pour le charriage et les transports, des chevaux, de bons, de magnifiques mulets, — de grands ânes, — et d'énormes bœufs blancs ou café au lait, — qui sont d'un très-bel effet sous le joug. — Le mulet est évidemment le plus aimé ; à lui les passementeries rouges, à lui les grelots et les sonnettes, à lui un miroir sur le front. — Les bœufs n'ont pour ornement qu'un anneau qui leur traverse le nez, et encore n'est-ce pas un ornement, mais un moyen d'influence. — Les chevaux ont un peu de joaillerie de cuivre, des croissants et des grelots, avec des inscriptions qui les mettent, comme les mulets, sous la protection de la Vierge Marie, — mais ils sont loin d'être aussi richement vêtus que les mulets.

Je vous parlais tout à l'heure de quatre cent cinquante ouvriers employés pendant huit ans à faire un jardin de moyenne étendue. — Cela s'explique quand on voit travailler les gens. — Il n'y a point de bêche, pas de brouette. — Voici comment on fait un transport de terre : — on met avec des pelles la terre dans des corbeilles que des hommes transportent sur leur tête ; — il y a beaucoup de chances pour que ça n'aille pas très-vite.

On ne bêche pas la terre ; on attend que le soleil l'ait durcie et fêlée comme un vieux pot de grès ; — alors quelques-uns glissent dans les fentes et les fêlures des racines de choux pour l'hiver. — Mais ce procédé passe pour dénoncer un peu de négligence. — Les autres, quand la terre est fêlée, la cassent en gros morceaux au moyen d'une sorte de pioche à peu près pointue, mais il ne faudrait pas un avocat bien fort pour la faire passer pour un instrument contondant. Alors on plante les choux entre les tessons de terre. — La pluie s'ennuierait si on ne lui laissait rien à faire.

De même qu'en France, — où l'on est un peu envieux parce que tout est possible, — personne ne veut être à l'ombre d'un autre, les plantes elles-mêmes s'étiolent et meurent sous les arbres. Ici l'ombre ne nuit pas, elle protége. Les citronniers fleurissent et fructifient sous les oliviers et sous les figuiers, — les jasmins s'épanouissent et le blé jaunit sous les citronniers, — les légumes viennent très-bien à l'ombre des treilles. — Cela augmente singulièrement l'étendue morale d'un jardin ; j'entends par étendue morale ce qu'il peut contenir et produire. Le jardinier le plus riche n'est pas celui qui a le plus grand jardin, mais celui qui a dans son jardin le plus de fruits, le plus de fleurs, le plus de légumes, le plus d'ombrages, le plus d'eaux murmurantes, le plus de chants d'oiseaux, le plus de parfums, le plus de rêveries, le plus de paix et de tranquillité, et le moins de visites.

Mon frère Eugène, qui vient d'inventer des fours perfectionnés et singulièrement économiques pour les feux d'affinerie, dont on s'occupe beaucoup en ce moment, a construit et dirigé plusieurs usines. Dans une, entre autres, où les localités le permettaient, il avait donné un jardin à chaque ouvrier. — Dès lors, me dit-il, plus d'ivrognerie le dimanche, plus de chômage le lundi, plus de querelles, plus de rixes ; les jardins étaient un délassement, un produit, un plaisir, une passion. Le directeur fournissait des graines des meilleures variétés de légumes et de fleurs, et visitait souvent les jardins pour distribuer les éloges ou les moqueries, les conseils ou les semences. Le dimanche, l'ouvrier restait dans son jardin avec sa femme et ses enfants ; il bêchait, plantait, semait, sarclait, arrosait, et on dînait en famille, sous une tonnelle fraîche et embaumée, avec bien moins de frais que n'en eût causé une partie de cabaret avec des camarades, sans compter les coups de poing. — Et quelle joie quand, sous la tonnelle, on mangeait des pois, des haricots, des fèves ou une salade du jardin! — Et les voisins et les voisines causaient par-dessus les haies, échangeaient des graines, des boutures, des greffes, et se montraient avec orgueil leurs produits nouveaux.

Je ne sais plus quel saint fêté par l'Église, — saint Bernard, je crois, — disait : « Les chênes et les hêtres ont été nos précepteurs. » — Les relations directes avec la nature, la campagne, les jardins sont remplies d'enseignements salutaires, — c'est un grand moyen de moralisation.

Mais on l'a dit, — est-ce moi qui l'ai dit? ou plutôt n'ai-je fait que le répéter? je n'en sais rien, — *hoc tuum est ?... vetus credidi.*

« L'homme s'accoutume à tout, — excepté au repos et au bonheur. »

En France, on a des serres. Dans la plus grande partie de la France, en effet, si on n'avait pas des serres, il faudrait renoncer à un bien grand nombre de belles fleurs et d'admirables plantes. — Mais ici toutes les plantes dites d'orangerie et de serre tempérée ou de serre froide, passent sans danger l'hiver dehors et y prennent un tout autre développement, y jouissent d'une tout autre vigueur.

Comme le bonheur consiste pour l'homme dans ce qu'il n'a pas ou dans ce qu'il n'a plus, — il lui faut ici des serres dans lesquelles végètent et végètent mal, étiolées, faibles, rabougries, les plantes des tropiques.

Il repaît ses regards de la vue de ces plantes malades, malingres, phthisiques, scrofuleuses, — tandis que dans le jardin, outre tout ce qui orne nos jardins de France, se développent avec une luxuriante sève — les orangers, les citronniers, les myrtes, les lauriers-roses, les camélias, les géraniums, les héliotropes.

Ceci est l'infirmité humaine.

. . . . Le bonheur, c'est la boule
Que cet enfant poursuit tout le temps qu'elle roule,
Et que, dès qu'elle arrête, il repousse du pied.

Après l'infirmité, voici la bêtise.

C'est un luxe, en France, d'avoir un héliotrope, des géraniums, etc. Il faut bien les tenir emprisonnés dans des pots, puisqu'ils mourraient, si, l'hiver, on ne les mettait pas à l'abri.

On a pensé ici que le luxe consistait dans les pots, lesquels sont au contraire, la misère. — Et on met cruellement en pot les héliotropes, les géraniums, etc., qui y sont tristes, sans coloris, sans parfum, tandis qu'ils se porteraient bien, seraient joyeux, vivants, éclatants et parfumés, si on les abandonnait tranquillement en pleine terre, en plein air, en plein soleil.

Non-seulement, ils seraient bien plus beaux ainsi livrés à eux-mêmes, mais en pots ils sont bien moins beaux qu'en France. — La chaleur et l'activité de la sève leur rendent cet emprisonnement beaucoup plus dur,—*carcere duro,*—beaucoup plus malsain; — les plantes meurent d'ennui, de faim et de soif.

La chaleur nécessiterait des arrosements plus fréquents; — ces arrosements, on les donne ou on ne les donne pas. — Si on les donne, la terre délayée, épuisée, sans sucs, ne tarde pas à ne plus nourrir la plante : — elle meurt de faim ; — si on ne donne pas les arrosements, elle meurt de soif.

Je voyais l'autre jour deux cultivateurs dans un jardin; — l'un achetait à l'autre quatre mille pieds de jasmin d'Espagne, — je n'assistai pas à la lutte : elle avait dû être vive et passionnée ; — la façon de vendre et d'acheter est fort singulière ici. — Chez nous, un marchand sait d'avance ce que la marchandise lui coûte, et ce qu'il veut gagner dessus ; — il surfait un peu, d'un tiers ou d'un quart, c'est-à-dire qu'il construit quelques ouvrages avancés que l'acquéreur aura à prendre avant d'arriver au cœur de la place. — Mais ici, le marchand demande à tout hasard un prix exorbitant, trois ou quatre fois la valeur présumée de l'objet, — c'est-à-dire que ses premières fortifications sont à une distance inouïe de la place attaquée. — L'acquéreur se récrie, le traite de scélérat : — l'autre fait quelques pas en arrière, diminue de quelques sous, mais, par saint Jean-Baptiste ou par Bacchus ! les deux jurons sont également usités, il lui est impossible de donner la chose à moins.

L'acheteur redouble d'injures. — Eh bien ! dit le marchand, combien voulez-vous me donner ? Avec les étrangers, cette manœuvre qui intervertit les rôles a un plein succès. En effet, quand c'est le marchand qui propose un prix, que vous le poussez et qu'il recule, vous pouvez parfois le faire arriver jusqu'à sa limite ; mais s'il réussit à vous faire offrir un prix vous-même, il est évident que vous ne diminuerez son premier prix que de ce que les marchands français ont l'habitude de surfaire.

Mais de naturel à naturel cela se passe mieux. Le marchand a demandé quatre fois ce qu'il veut de sa marchandise ; l'acheteur offre le quart de la valeur réelle. Le marchand alors tombe anéanti sur son banc, il s'écrie qu'on lui donne une affreuse colique, il mime la colique ; grimaces, contorsions, gémissements, rien n'y manque. L'acheteur offre un peu plus, l'autre exige un peu moins, et on finit par tomber d'accord après avoir augmenté ou diminué d'un sou ou deux, seul terrain réel de la discussion ; les deux adversaires seulement avaient pris du champ, comme les anciens chevaliers dans les tournois, mais tous deux savaient bien que c'était à la fin en l'honneur de quelques centimes que le combat aurait lieu.

Le marché des jasmins était conclu quand j'arrivai. — Le prix moyen, du reste, du jasmin d'Espagne, — greffe de l'année, et qui équivaut, vu la rapidité de la végétation, au moins à une greffe de deux ans en France, — est de trois à cinq francs le cent. Les jasmins étaient admirablement chargés de larges fleurs blanches et de boutons d'un rose violacé. — L'acheteur prit sa pioche et les déplanta. Je le crus fou. — Des jasmins d'Espagne arrachés en pleine floraison, au mois d'août, seraient jugés chez nous complétement perdus et bons à lier en petits fagots pour allumer le feu.

Notre homme fit un paquet de ses jasmins, alla chez lui, piocha un carré de terre, y planta les jasmins, leur jeta quelques seaux d'eau, et ne s'en occupa plus.

Trois jours après j'allai voir les jasmins : ils étaient en très-bon état et n'avaient pas interrompu leur floraison.

Je rapprochai ce fait extraordinaire de ce que j'avais déjà vu pratiquer au mois de mai. A cette époque, on transplantait des orangers et des citronniers à racines nues ; tous ont parfaitement repris.

En faisant la part de l'activité particulière de la sève et de la vie dans ce pays, ces exemples sont venus pour moi confirmer un principe sur lequel je suis d'accord avec un certain nombre d'horticulteurs distingués, tandis que la foule agit d'après des idées diamétralement opposées.

La transplantation ne doit pas avoir lieu pendant le sommeil absolu des plantes, mais pendant que la sève travaille encore ou lorsqu'elle se réveille, c'est-à-dire à l'automne ou au printemps. — Si vous faites subir une épreuve violente à un végétal dont la sève est complétement suspendue, il n'aura pas la force de supporter l'épreuve. — Les plantations d'hiver sont mauvaises et font perdre beaucoup d'arbres. — Transplantez à l'automne, et si, à l'hiver, il vous plaît d'arracher quelques-uns des arbres transplantés, vous verrez aux racines de petits filaments blancs, des racines rudimentaires que les jardiniers appellent le chevelu et qui se sont formées avant le sommeil des plantes.

On parlait dernièrement d'appliquer en France une petite partie d'une idée que j'ai émise il y a assez longtemps déjà, et que j'ai indiquée de nouveau, en en changeant la forme, dans mon roman de *Clovis Gosselin* dont je vous parlais tout à l'heure.

Il s'agirait, dans les écoles communales, de faire coïncider les leçons d'agriculture avec les leçons de lecture, d'écriture et de calcul. Ce n'est qu'une partie de mon projet. Voici le reste :

Pourquoi ne pas créer des pépinières et des potagers où on propagerait incessamment les bonnes espèces, — pour remplacer, à mesure des progrès, les espèces mauvaises et médiocres. Aussitôt qu'un nouveau fruit, un nouveau légume ou une nouvelle variété présenterait une amélioration réelle et dûment constatée, on en distribuerait des greffes et des semences entre ces haras de végétaux, — et les directeurs, eux, se chargeraient de distribuer autour d'eux, à leur tour, ces greffes et ces semences, soit gratuitement, soit à très-bas prix.

Ainsi, il serait très-opportun de semer des pommes de terre. — La pomme de terre, qui depuis trente ans, n'a été reproduite que de bouture, a dû nécessairement dégénérer ; — mais la semence de la pomme de terre ne produit la première année que de petits tubercules gros comme des noisettes, qu'il faut confier à la terre encore un an avant de les pouvoir employer. — Le cultivateur aimera presque toujours mieux récolter la première année des pommes de terre très-médiocres que d'en récolter d'excellentes au bout de deux ans, et il continue à planter des morceaux de pommes de terre. — La pépinière communale vendrait des pommes de terre d'un an, — qu'alors, on n'hésiterait plus à planter, et on aurait bien vite régénéré l'espèce. En très-peu de temps on verrait disparaître les vieilles, médiocres et malsaines espèces de fruits qui encombrent les marchés, et on ne mangerait plus, même à bas prix, que les espèces exquises. Voyez comme en quelques années, aux environs de Paris, on a vu disparaître le melon maraîcher ou brodé, remplacé aujourd'hui même sur les charrettes des revendeurs, par les melons cantaloups. Un bel arbre, un bon fruit, un bon légume, ne coûtent pas plus cher à produire, n'occupent pas plus de terrain, ne le fatiguent pas davantage qu'un arbre rabougri, un fruit sauvage, un légume fade. — Quand il n'y aura plus que les bons fruits et les bons légumes, leur prix élevé, qui ne l'est qu'à cause des mauvais qui usurpent la terre, deviendra au niveau du prix où sont aujourd'hui les plus mauvais fruits et les plus mauvais légumes.

Je voudrais que l'instituteur fût directeur de ce haras, de cette pépinière. Ce serait là qu'il donnerait ses leçons d'agriculture et de jardinage ; là qu'il communiquerait, aux enfants, dans la semaine et aux parents le dimanche, les progrès récents, les expériences nouvelles que lui apporterait tous les mois un recueil, un journal spécial envoyé par l'État et fait sous ses auspices, sans influence politique.

Il enseignerait en outre l'art de greffer et de bouturer. — En peu d'années, par cette innovation, sur la surface entière de la France, on verrait l'ignorance, et l'erreur, bien plus dangereuse que l'ignorance, remplacées par les meilleures théories, en même temps qu'on propagerait les plus profitables espèces par la greffe, par le bouturage, par le semis.

Une découverte utile, un procédé économique, au bout d'un mois, seraient répandus et vulgarisés dans toute la France.

Si vous étiez resté aux affaires, monsieur, je vous aurais sans doute proposé de vous aider de mon petit mieux dans cette entreprise, qui, je crois, amènerait les plus heureux résultats, et cela dans un temps très-court.

Dans le projet actuel, il n'est question que de l'application d'une petite partie de mon projet.

Agréez, etc.

V

A VICTOR HUGO

> Laissons gronder en bas cet orage irrité
> Qui toujours nous assiége,
> Et gardons au-dessus notre tranquillité,
> Comme le mont sa neige.
> (*Voix intérieures.*)

C'est une singulière situation, pour un homme qui ne tire sa valeur que du langage, — des choses parlées et écrites, — que de se trouver dans un pays où, sous ce rapport, il est inférieur à tout le monde; — où, aussitôt qu'il ouvre la bouche, il répand autour de lui la plus franche gaieté, même parmi des gens qui ne parlent que le plus affreux patois. Je croyais savoir à peu près l'italien, parce que je le lis assez facilement; mais lire une langue ou la parler n'est pas la même chose : — Il y a la même différence qu'il y aurait à la chasse entre tirer des moineaux arrondis, hérissés, boursouflés par la froidure et immobiles sur le bord d'un toit; — ou tirer le perdreau qui s'élance d'un sillon avec ce crépitement d'ailes qui fait battre le cœur, — ou le martin-pêcheur qui part droit et rapide comme une flèche d'une rive à l'autre, — ou l'hirondelle qui décrit de capricieux zigzags, — ou la bécassine qui vous surprend par ses *crochets ;* — la même différence qu'il y a entre tirer des coups de pistolet sur de pacifiques poupées de plâtre — ou d'immobiles pains à cacheter, — et viser un homme dont les yeux et le pistolet vous visent en même temps.

De plus, l'italien des livres n'existe presque que dans les livres ; chaque État de l'Italie, chaque ville, chaque bourgade a son italien particulier. — Il y a de petits italiens de famille et des italiens personnels. — Ici, chacun a sa langue. — J'ai chez moi deux servantes, qui, nées à cinq ou six lieues l'une de l'autre, l'une au levant, l'autre au ponant de Gênes, ne se comprennent que très-difficilement et rient perpétuellement l'une de l'autre. — Jugez si l'on rit de moi. — Je n'ouvre pas la bouche sans qu'il en sorte des solécismes et des locutions barbares, autant qu'il sortait de crapauds et de couleuvres de la bouche de cette méchante princesse des contes de fées. Il ne faut pas croire que les patois soient plus indulgents que les langues ; — au contraire, on sait la pruderie des coquettes, l'outrecuidance des parvenus, la gravité des ânes et l'austérité de Tartuffe. Les patois veulent qu'on respecte leurs barbarismes avec la férocité que mettent les faux dévots à faire adorer un Dieu laid, méchant, injuste et ridicule qu'ils font à leur image, contrairement à la tradition.

Par exemple, on dit dans les livres *fa caldo,* — il fait chaud ; eh bien à Gênes, on dit *fa cado ;* — si vous dites *caldo,* on fait semblant de ne pas vous comprendre, et on vous apporte un tire-botte ou une brosse.

Les Italiens ont fait du latin ce que vingt cuisiniers feraient d'un mouton qu'on leur donnerait. Ils commenceraient par l'égorger, la dépecer, puis accommoderaient et assaisonneraient chacun à sa guise le morceau qui lui serait échu.

Ma position m'a rappelé celle d'Ovide qui parle des Scythes parmi lesquels Auguste l'avait exilé, des Scythes que les Romains appelaient barbares parce qu'ils ne savaient pas le latin, comme les Grecs appelaient barbares tous ceux qui ne parlaient pas grec. Ovide dit qu'au milieu des Scythes, c'est lui qui est l'ignorant et le barbare.

Barbarus hic ego sum.

On n'a jamais bien su les causes de l'exil d'Ovide. — C'était un luxe que se permettait Octave, et qu'il pouvait à la rigueur se permettre, parce qu'il gardait Virgile et Horace, — car il savait que les poëtes ôtent ou confirment dans la postérité les couronnes et les sobriquets glorieux que laissent prendre et donnent la faiblesse et la flatterie des contemporains. Louis XIV, quoi que l'histoire ait révélé, reste pour la foule « Louis le Grand, » — de par les poëtes et les écrivains, qui n'ont pas confirmé, il s'en faut, à Louis XV le titre de « Bien-Aimé. »

Si je fais rire les gens quand je parle italien, j'en suis quitte à bon marché. — Il a été parfois très-important de bien prononcer les mots. — Je ne sais plus quel mot les Hébreux faisaient dire aux Galaadites, qu'ils reconnaissaient ainsi, et qu'ils massacraient. Tout le monde sait que dans cette tuerie des Vêpres siciliennes, on poignardait tous ceux qui ne prononçaient pas correctement le mot *ciceri*. — Saint Jérôme tenait à bien parler, lui qui raconte qu'il s'était fait limer deux dents pour mieux prononcer l'hébreu.

Si les Français avaient attendu encore un peu, sans se livrer à l'étude des langues des autres peuples, on ne parlerait plus aujourd'hui que la langue française, ou du moins on serait fort près de ce résultat. C'est le commerce qui a fait manquer le but.

Entre tous les peuples, celui qui s'obstinerait à ne parler que sa langue finirait par la faire prédominer et la rendre universelle.

Néanmoins, et pour beaucoup d'autres causes qu'il serait long et vaniteux d'énumérer, on parle français partout ; les gens de tous les pays qui se piquent de bonne éducation parlent français. — En Allemagne, en Italie, en Angleterre et en Russie, l'Allemand, l'Italien, l'Anglais et le Russe bien élevé qui n'entend pas un Français et ne lui répond pas dans sa langue, s'excuse de son ignorance et en est embarrassé.

Il m'est arrivé plus d'une fois ici de m'arrêter à une porte avant d'entrer pour composer laborieusement les quelques phrases italiennes dont j'avais à me servir. — J'entrais, je balbutiais mon thème, et l'on me répondait fort correctement en français. Mieux que cela, dans une famille de cultivateurs, chez lesquels j'entrais souvent, je parlais sans cesse et avec grande peine italien, et quel italien ! — On me répondait dans la même langue, que je comprenais très difficilement. Un jour, comme je m'avançais dans le jardin sous une longue treille de vigne, j'entendis les membres de la famille qui, assis sous un gros oranger, devisaient entre eux. — Ils parlaient français. C'était pour me faire plaisir qu'ils m'avaient jusque-là parlé italien, et ils ne parlaient italien qu'avec moi.

Un soin que j'avais eu et qui n'est pas sans utilité, c'est d'apprendre à jurer dans la langue du pays où on arrive. Je demandai qu'on m'apprît des jurons gradués.

D'abord, me dit-on, — *Oïbo!* — C'est à peine un juron, cela marque la surprise mêlée d'un peu de mécontentement.

Ensuite, — *Vergogna!* — C'est plus grave : vous trouvez ce qu'on vous dit ou ce qu'on vous fait une chose honteuse.

— Et puis?

— Et puis vous dites : *Per Bacco!*

— Par Bacchus! c'est bien païen.

— Les gens trop catholiques arrivent facilement à être un peu païens; *per Bacco!* — se dit en élevant la voix, il renferme une menace.

— Et puis ?

— Et puis — *Per Dio santo!* — On dit cela avec les yeux étincelants et des gestes terribles.

— Et puis ?

— Et puis... on ne parle plus... la canne ou le couteau, selon les circonstances ou le caractère des personnes.

Il est d'usage pour les inférieurs ou pour ceux qui, par politesse, veulent faire semblant de se considérer comme inférieurs, — de ne parler jamais qu'à la troisième personne, — et de dire ou de sous-entendre — *son excel-*

lence, — ce qui fait qu'on parle à un homme à la fois à la troisième personne et au féminin. — Je fus un peu surpris la première fois qu'un garçon d'hôtel me dit : *Couchera-t-elle ici?* Et ce n'est pas tout de suite que je compris qu'il s'agissait de *mon excellence.*

Cette forme de langage est tellement habituelle, que rien ne la fait changer. En voici un exemple :

Un habitant de Gênes m'avait accompagné dans quelques courses ; il me pria un matin de l'accompagner à mon tour à bord d'un navire mouillé dans le port ; — pour cela il appela un batelier, qui nous attendit et nous ramena ; — il lui mit dans la main une pièce de monnaie que je ne vis pas, mais qui, sans doute, selon lui, rémunérait suffisamment le service que le batelier nous avait rendu. Ce n'était pas l'opinion de celui-ci, qui dit : « *Elle n'est pas bien généreuse.* » — Mon compagnon m'arrêta au moment où j'allais ajouter clandestinement une pièce de monnaie au salaire de notre homme, et me dit que je le désobligerais. — Il eût été impoli d'insister et de le faire devant lui. — Le batelier nous suivit, — se plaçant à côté du Génois et un pas en arrière, — et dit d'une voix tantôt dolente, tantôt irritée : — « Son Excellence ne pense pas que j'ai une famille à nourrir, — et que ce n'est pas pour mon plaisir que je travaille. »

Nous entrâmes dans une boutique où j'avais quelques emplettes à faire. — Le batelier nous attendit à la porte et reprit sa place à côté du Génois, un pas en arrière et continua : — Elle prend le pain des malheureux, elle fait travailler un pauvre facchino et ne veut pas le payer.

Elle est injuste et déloyale. Elle est riche, elle peut bien me donner encore un swansig, ce n'est pas un swansig qui l'empêchera de bien dîner.

Nous entrâmes dans l'église de l'Annonciata, église toute dorée et toute peinte, mais qui n'inspire pas le sentiment religieux des églises gothiques. Le batelier entra avec nous, prit de l'eau bénite, se mit à genoux sur la dalle et pria sans doute contre mon compagnon. A la sortie, il était à sa place. Nous traversâmes toute la ville, nous fîmes une visite dans une maison où nous passâmes une heure et demie. — Le batelier nous attendit à la porte. — Nous revînmes au café de la Concorde pour dîner. Il s'assit sur l'escalier de marbre et nous attendit, puis il nous escorta jusqu'au théâtre en disant : — Son excellence est une voleuse, son excellence est une canaille. Dieu fera crever son excellence d'une mauvaise mort, son excellence dansera au gibet, son excellence peut être sûre que j'irai lui voir tirer la langue. Le théâtre finit à onze heures et demie. Au moment où je quittai mon compagnon, qui demeure à la place Caricamento, tandis que je me mettais en route pour Nervi, j'entendais la voix du batelier qui le suivait qui disait : Quelle vergogne pour son excellence, je flanquerai des coups de couteau à son excellence et je la donnerai à manger aux poissons. J'entendais les pas et la voix s'éloigner, et je ne pouvais plus distinguer les paroles que je reconnaissais encore la voix du batelier. Je pense qu'il aura au moins reconduit le Génois jusque chez lui. Peut-être a-t-il passé la nuit à sa porte. On couche volontiers par terre sur les dalles pendant la saison des chaleurs. Ce n'est pas un délit à Gênes d'être pauvre et sans asile.

> Le soir point d'hôtesse cruelle
> Qui l'accueille d'un front hagard.
> Il trouve l'étoile si belle,
> Qu'il s'endort à son doux regard.

On fait pour les voyageurs des livres de dialogues qui permettraient de s'entretenir avec quelqu'un qui aurait le même livre, à condition pour les deux interlocuteurs de vouloir bien ne pas chercher à exprimer leur pensée. Ces livres contiennent les phrases que l'on peut échanger avec son tailleur, avec son domestique, — avec l'aubergiste ; mais je n'ai trouvé dans aucun — comment on peut dire à une femme qu'elle est jolie et qu'on est amoureux d'elle. — C'est une lacune que je signale aux auteurs de ces livres. — A Gênes, par exemple, la démarche des femmes, dans la rue, est noble ; elles sont droites sans raideur, et bien *campées*. — Le mezzaro, ce grand voile blanc qui leur entoure le visage d'un nuage de mousseline et marque la taille ; — les belles chevelures noires, dont les Génoises prennent un grand soin et dont elles sont justement fières, produisent un charmant effet d'ensemble et font paraître toutes les Génoises belles à cinq pas. — De plus près, c'est comme ailleurs, c'est comme partout : — il y en a quelques-unes qui sont belles, — et les autres ne sont que femmes, — c'est déjà beaucoup.

Les Guides de la conversation vous abandonnent alors

et ne vous donnent aucun moyen d'exprimer votre admiration.

Quand on voyage, il ne faut voir ni les gens du monde ni les jardins, si l'on veut connaître les pays que l'on parcourt. Les uns et les autres, cultivés, sarclés, ratissés, peignés, remplis de plantes exotiques, sont les mêmes dans tous les pays. Il faut voir le peuple, et les bois, et les montagnes. C'est à la campagne, à la fin du jour, qu'il faut regarder des troupes de jeunes filles rapportant de l'eau des fontaines dans de grands vases de cuivre d'une belle forme, qu'elles portent sur la tête, sans en répandre une seule goutte, d'un pas ferme et assuré ; cette habitude de porter sur la tête ne doit pas peu contribuer à leur belle prestance : elles marchent les pieds nus, et la robe, relevée sur le côté, laisse voir une partie de la jambe ; leurs cheveux, qu'elles soignent avec orgueil, sont lissés et nattés de façon à en bien faire voir la richesse ; elles ne subissent pas, comme en France, l'empire ridicule de la mode, c'est-à-dire la tyrannie de quelques couturières qui trouvent qu'on n'use pas assez vite les robes de l'année dernière, et de quelques femmes contrefaites qui veulent cacher à la fois leurs propres imperfections et les agréments des belles. Les filles de la campagne ne portent pas de bonnet, ni même de mezzaro, — mais tous les jours, dans la semaine comme le dimanche, elles ont des fleurs dans les cheveux, — et voici en quoi sur ce point consiste la mode. — Au printemps, on natte dans ses cheveux des fleurs de citronniers,

> Lorsqu'au soleil séchant sa robe,
> Mai, tout mouillé, rit dans les champs;

et quand vient le mois de juin, des roses; — au mois de juillet, des œillets; — au mois d'août, du jasmin et des fleurs de grenadiers; au mois de septembre, du laurier-rose. — L'hiver on trouve toujours dans quelques haies de pâles roses du Bengale, et sous la mousse la blanche rose de Noël, c'est-à-dire les fleurs de la saison. — Rien n'est si charmant que cette parure perpétuelle. Quand je disais tout à l'heure qu'elles marchaient les pieds nus, ce n'est pas tout à fait exact : — elles ont des souliers, mais ce n'est qu'un ornement; — ça se fait en peau et en carton, — ça ne se met que le dimanche. S'il vient à pleuvoir, on se dépêche de les ôter, car ils ne tarderaient pas à se fondre, — et on s'empresse de les mettre dans sa poche.

Cette habitude de marcher les pieds nus a un avantage ; c'est qu'on les lave cinq ou six fois par jour chaque fois qu'on rencontre une fontaine ou un ruisseau. Il n'est pas certain que les pieds les mieux chaussés soient lavés aussi souvent.

Chez nous, les femmes ne montrent que des souliers d'une forme très-différente du pied, qui n'entre dans ces boîtes qu'avec d'affreuses tortures, et en sort meurtri et déformé, — de quoi elles sont très-fières et tirent de grands triomphes.

J'ai eu à Gênes et dans la campagne que j'habite diverses positions successives. — D'abord on a cru que j'étais duc, — ça n'a pas beaucoup d'effet dans une ville où tout le monde est marquis. — Puis on a découvert que j'étais général, — on est encore resté assez froid. — Mais comme je m'occupais assidûment des fleurs, les Génois, qui sont marchands, n'ont pas pensé qu'on pût s'occuper ainsi d'une chose qu'on ne vendrait pas, on a deviné que je n'étais ni duc ni général, mais bien un riche fabricant de pommade français. — Ç'a été mon beau temps. Je suis depuis cette découverte, entouré d'une grande considération, mais je crains qu'au premier moment une indiscrétion ne vienne révéler que je ne suis pas plus riche que marchand de pommade, pas plus marchand de pommade que général, pas plus général que duc.

Vous rappelez-vous comme moi, — grand poëte, — qui me faites depuis longtemps l'honneur d'être mon ami, — nos beaux et joyeux dîners du dimanche dans votre logis de la place Royale? Moi, j'y pense souvent et comme je me suis en ce temps-ci séparé de beaucoup de gens, il en est d'autres dont je suis décidé à ne pas me séparer, — je vous évoque souvent, et au moyen de vos livres et de vos beaux vers, je me promène au bord de la mer ou dans les bois d'oliviers.

... La pensée est tout, — et la pensée ardente
Donne à Milton le ciel, — donne l'enfer à Dante.

Rien ne peut m'empêcher à certains jours et à certaines heures de me dire :

Je fuis la ville qui bourdonne,

je vais voir,

Les champs où tout guérit, les champs où tout pardonne.

Je vais aller me promener sur la montagne ou sur le bord des torrents, — je vais prendre Hugo pour compagnon de voyage, — lui qui aime tant ces grandes choses éternelles dont la contemplation rend les autres si petites. Avec Hugo, je vais parcourir les sentiers fleuris et parfumés, avec lui écouter les chants des oiseaux sous les feuilles, — et je me récite « ce qui se passait aux Feuillantines, » et je cherche dans vos vers le sujet dont nous nous serions le plus volontiers entretenus ce jour-là.

Tous deux, mon cher ami, nous avons dû nous dépouiller de ces choses que nous aimions : — tandis que vous faisiez vendre vos meubles qui vous racontaient à la fois les temps anciens — et vos jeunes années,

Vos vases du Japon... vos beaux missels gothiques,
. . . .
Vos vieux portraits. . . . .
. . . .
... Émaux bleus ou blancs, céladons verts,
... Les beaux insectes peints sur les tasses de Saxe,
... Les laques et les grès qu'une vitre défend,
. . . .
Les gros Chinois ventrus. . . . . .
... Le grand fauteuil de chêne et de tapisserie,
Et le vieux banc sculpté. . . . .
. . . . La Bible peinte
Où l'on voit Dieu le Père en habit d'empereur,

Moi, je vendais ce jardin que j'ai planté, et mes arbres et mes fleurs.

Mais, comme moi, vous avez senti que ces richesses si longuement amassées n'étaient que pauvreté et esclavage. — La propriété est un piége. Ce que nous croyons posséder nous possède. — Mon jardin de Sainte-Adresse m'avait fait renoncer à ma part du reste du monde. J'ai reconquis les vastes forêts, et la mer immense, et les hautes montagnes, et les splendeurs du ciel. — Je suis libre depuis que je ne possède plus rien. — O propriété! idée bizarre, rêve malsain qui inspire aux hommes tant de haines et de bassesses, qui leur fait commettre tant de crimes et de lâchetés ! O désir bête d'avoir à soi un bocal avec des poissons rouges qu'il faut garder et défendre, et qui vous empêche de jouir des grands fleuves, et des lacs, et de la mer !

J'abandonne mon jardin, mais je reprends la terre et la nature. En vain on plante des bornes, on bâtit des murs, on hérisse les champs de haies épineuses : on n'empêche jamais les champs, les bois et la nature d'appartenir aux poëtes. Les oiseaux, et le vent, et les eaux murmurantes, et les fleurs, nous disent tant de douces et de belles choses, qu'ils ne disent qu'à nous ! En vain il est écrit sur un parchemin que cette forêt est à tel ou tel; nous y avons un droit de souveraineté imprescriptible; nous y recueillons des fruits, des fleurs, des rêves que tel ou tel n'y trouvera pas.

Je me sens pour la première fois de ma vie riche et libre depuis que je n'ai plus rien. — A d'autres les soins, les soucis, les craintes, l'esclavage de la propriété, — l'avarice, la haine et les petitesses qu'elle inspire.

Mon jardin est partout, — au fond d'un bois où fleurissent au mois de mars les premières primevères et les premières violettes; — sur le sommet de la montagne, où la rose des Alpes s'épanouit depuis longtemps sans que personne l'ait vue, où elle m'attendait et où elle ne fleurit que pour moi qui la découvre un matin ; — sur le bord de l'étang où les nénuphars étalent leurs larges feuilles et leurs fleurs odorantes, connues seulement des bergeronnettes sauvages et des vertes libellules. — Est-ce que le ciel enluminé des splendeurs du soleil couchant, est-ce que les forêts à l'automne, où leurs feuilles deviennent des topazes et des rubis — sont d'aussi beaux spectacles pour les autres que pour nous? Se contenter d'un jardin, — allons donc! je vends mon jardin et je rentre dans ma propriété.

Voulez-vous des nouvelles de la France, mon ami? — J'y suis revenu pour quelques jours. — Il ne s'y passe rien d'extraordinaire. On continue ici à suivre le conseil d'un ministre qu'on aurait pu garder, puisqu'il ne conseillait aux gens que ce qu'ils voulaient faire :

« Enrichissez-vous. »

On tâche de s'enrichir — à tout prix, et par tous les moyens. — On avait dit que l'Académie allait vous exclure de son sein, — vous mettre à la porte avec Molière et Balzac. Il n'est pas prouvé que l'on trouve dedans une aussi bonne société. — Mais malheureusement, cela ne s'est pas confirmé ; — un ou deux malheureux, de ceux qui ne voient dans l'exil que la distance qui leur fait croire à l'impunité, — vous ont naturellement insulté. — Vous les aviez prévus, quand vous disiez :

Ce méchant fait une lâche guerre.

Mais quoique vous ayez dit aussi :

Il sait qu'il peut souiller sans peur les noms fameux,
Et que pour le toucher il est trop venimeux,

je me suis passé la fantaisie — de les toucher, — avec des précautions, bien entendu, — quelque chose comme des gants et des pincettes, — et il s'est trouvé un assez bon nombre d'honnêtes gens à qui cela a fait plaisir.

Ah ! j'oubliais quelque chose que je voulais vous raconter de Gênes.

Je suis allé au théâtre ; — vous savez que je n'y vais guère, et que j'aime mieux lire au coin de mon feu le *Cid*, *Tartuffe*, *Ruy-Blas*, que de me les laisser mal réciter par des acteurs.

Mais c'était un théâtre de marionnettes.

Jamais je n'avais vu mieux reconnaître au théâtre ce mélange de terrible et de bouffon, qui est partout dans la vie, — ce qui fait que les méchants, les traîtres et les coquins sont toujours un peu ridicules.

Il y a une sorte de polichinelle qui s'appelle Gianduja : — le public exige que Gianduja paraisse dans toutes les pièces. — Polichinelle, c'est le personnage aimé ; — les autres marionnettes ne remuent que les bras et les jambes ; — Polichinelle Gianduja remue les yeux et la langue. Ainsi, on affiche sur les murailles :

LA VENGEANCE SOUS TERRE, OU LE DUEL DANS LE SÉPULCRE
avec Gianduja.

Ou bien :

GUILLAUME IV, ROI D'ARAGON,
avec Gianduja.

Comme c'est vrai ! — Comme les choses les plus grandes en apparence, — comme les faits les plus sombres, — comme les actions les plus terribles renferment toujours un élément ridicule, — et comme on pourrait justement ajouter à l'annonce de beaucoup d'œuvres, — où la foule ne ressent qu'une profonde horreur :

Avec Polichinelle, — avec Gianduja!

VI

A LÉON GATAYES

Le port de Nervi est un très-pauvre petit port au point de vue de la navigation, ce qui ne l'empêche pas d'être pittoresque et charmant.

Il est formé par une anse où descend un sol de galets. Je t'ai envoyé une poignée de ces galets ; tu as vu qu'ils sont faits de morceaux de marbre roulés et arrondis par le mouvement de la mer. Des deux côtés, la baie est renfermée entre de grands rochers noirs veinés de blanc, partie ardoise, partie marbre. Au-dessus d'une caverne où la mer s'engouffre les jours de mauvais temps avec un bruit qui ressemble à celui d'une grosse artillerie, s'élève une tour carrée avec un petit jardin : tous deux, placés sur le rocher et bâtis de ses débris, s'avancent en surplombant au-dessus de la mer ; le petit jardin est plein de lauriers-roses qui se détachent, selon qu'on est sur le sommet de la tour ou à son pied, sur le bleu du ciel ou sur le bleu de la mer.

Au fond de l'anse, les maisons des pêcheurs s'étendent en amphithéâtre ; elles sont comme les autres, peintes de diverses couleurs, entourées d'oliviers au feuillage léger et bleuâtre qui semble peint au pastel, et d'orangers et de citronniers. Un fleuve descend à la mer entre les maisons. L'été, ce fleuve est sec; on étend à sécher dans son lit le linge qu'on va laver ailleurs; on y mène paître des chèvres. Un pont très-pittoresque conduit d'une rive à l'autre. On se demande à quoi sert ce pont. D'abord, il est si élégant que tout prétexte me semble suffisant pour l'avoir fait, — ensuite, on se met à l'ombre sous les arches; — enfin, à l'automne, quand viennent les pluies, lorsque les ruisseaux de la montagne deviennent autant de torrents qui roulent à la mer des rochers, des maisons, des troupeaux entiers, le lit du fleuve n'est pas assez large.

Dans un fleuve semblable, il y a un peu moins d'un an, comme j'allais en France pour la seconde fois depuis six mois me faire acquitter devant les juges de la septième chambre, nous nous croisâmes avec une voiture qui allait de Nice à Gênes. Le conducteur de cette voiture donna du feu au conducteur de la nôtre pour allumer sa pipe. Une heure après, cette voiture était roulée dans le fleuve que nous venions de traverser à peu près à sec, perdait ses chevaux, avait trois voyageurs noyés, et on ne sauvait les autres qu'à grand'peine.

Revenons au port de Nervi et à ses pêcheurs. Le proverbe qui dit de la mer de Gênes, que c'est une mer sans poissons, n'a pas tout à fait tort, — *mare senza pesce*. — Cependant les sardines y sont abondantes et exquises; le rouget, *triglia*, est peut-être le meilleur des poissons. — Je citerai encore le poisson qu'on appelle loup, à

Nice, et qui ressemble à celui qu'on appelle bar sur les côtes de la Manche. — Ensuite, les espèces correspondantes aux nôtres sont très-inférieures. — Le merlan seul, qui a quelquefois un mètre de longueur, est préférable au merlan de l'Océan ; mais *il y a de la marge :* un poisson peut être pour moi bien des fois supérieur au merlan avant d'être un bon poisson.

Le maquereau n'a que les belles couleurs de ce poisson si excellent dans l'Océan ; le mulet (*muge*) ne vaut rien. On prend dans les rochers de petites langoustes assez bonnes ; puis les autres poissons ne s'occupent plus que d'être bien habillés. Si le triglia est d'un rouge charmant, il y a un poisson volant qui est d'un beau bleu ; un autre est vert comme les grenouilles. Un petit fretin que l'on prend à la ligne, et qui s'appelle *girella,* a sur chaque flanc une ligne d'un beau jaune d'or et de petites lignes bleu de ciel autour des yeux.

S'il se prend un poisson un peu gros, c'est une sorte de scandale, on n'espère plus le vendre ; les riches mêmes n'ajouteront pas ce *roi des mers* à leur *minestra*. Il faut trouver un moyen pour que celui qui mangera ce poisson ne le paie qu'une moutte (huit sous). Le pêcheur auquel est échue cette bonne chance, difficile à exploiter, s'en va trouver le maire ou syndic (*sindaco*), et lui demande la permission de le mettre en loterie. Il sindaco prête des numéros et des billets ; la femme et les enfants du pêcheur vont les placer dans les maisons de Nervi. A l'heure indiquée pour le tirage, une petite table est placée devant l'église ; là on forme les lots. Le premier lot se composé du gros poisson ; cinq ou six lots inférieurs sont formés du fretin. Une foule compacte vient admirer ce poisson, rarement aussi grand qu'un de ces bars dont je prenais souvent cinq ou six dans une seule pêche à Sainte-Adresse. Au moment où on met la main dans le sac pour tirer le numéro, quelques femmes font des prières, et se recommandent à leurs patronnes. Mais une seule aura le pouvoir de faire gagner. L'heureux possesseur du billet gagnant est désigné ; il emporte son poisson, accompagné des malédictions de ses concurrents moins heureux. Quand il est hors de portée de la voix, chacun fait des reproches à son patron, et va parfois jusqu'aux injures.

— « Après cela, dit l'un, qui s'appelle Pierre (Pietro), mes parents ont eu une idée de malédiction en me mettant sous la garde d'un homme qui a nié le Christ trois fois.

— « Je n'aurai jamais de bonheur, dit Thomaseo, n'ayant au ciel de recommandation que celle d'un incrédule qui n'a pas voulu croire Jésus sur sa parole.

— « Ça ne m'étonne pas, dit une servante, Magdalena, une sainte comme ma patronne ne peut pas avoir là-haut le crédit qu'aurait une sainte qui aurait toujours été honnête femme, et la Magdalena avait fait jaser avant de devenir sainte.

— « Santo Paolo, mon patron, tu n'es, après tout, qu'un nouveau converti ; tu as été païen, et il t'en reste toujours quelque chose.

— « C'est bien difficile de gagner et d'être heureux quand on s'appelle Gio-Battista, un saint qui est venu avant le Christ, un saint qui aime Gênes, et dont nous avons un doigt dans une châsse d'argent, un saint auquel on célèbre à Gênes de plus belles fêtes qu'au bon Dieu. Mais au moins celui-là, quand on fait quelque chose pour lui, il en est reconnaissant, et il se le rappelle dans l'occasion. »

Si les pêcheurs sont pauvres à Nervi comme partout, les fabricants de pâte de macaroni, de vermicelle, etc., ainsi que les marchands d'oranges, y deviennent riches. Nervi possède encore une autre industrie : c'est à Nervi que demeurent presque tous les maîtres des petites voitures à quatre places dans lesquelles on s'encaque une douzaine, qui arrivent tous les matins à Gênes, et se rangent sur la place Carlo-Felice, prêtes à partir pour *Quinto*, pour Recco, pour Rapallo, Chiavari, etc., et d'un autre côté, pour *San-Pier* d'Areno, la villa Pallavicini, etc.

Sur la plupart de ces voitures sont peints des saints et des saintes et écrites des inscriptions comme celles-ci : « Vivent Jésus et Marie, — Vive saint Jean-Baptiste, » etc.

Je fus très-intrigué un soir, un peu avant la fin du jour, en voyant entrer dans la baie de Nervi un bâtiment côtier d'une certaine dimension ; il était pesamment chargé de tonneaux de vin dont chacun était gros comme trois ou quatre de nos tonneaux de Bordeaux. C'était l'heure de mon souper ; on m'appelait, je quittai la plage, en me proposant de revenir aussitôt après pour voir la solution d'un problème qui tracassait mon esprit.

Comment le bâtiment mettra-t-il son chargement à

terre ? La terre descend en pente assez douce ; le bateau, qui, chargé comme il est, tire plus de huit pieds d'eau, ne peut approcher de la rive qu'à la distance d'une portée de fusil. Il pourrait accoster, d'ailleurs, qu'il n'en serait pas plus avancé ; il n'y a dans le port de Nervi ni grue, ni machines d'aucun genre pour débarquer ces tonneaux d'un poids énorme. On pourrait, si l'on accostait la terre, à force de bras peut-être et sur de forts madriers, faire rouler ceux qui sont placés au-dessus des autres ; mais il n'y a pas moyen de se tenir moins loin qu'une cinquantaine de pas ; d'ailleurs, que ferait-on du second rang de tonneaux ?

Une demi-heure après, j'étais sur un des rochers qui encadrent le golfe ; mais quelle ne fut pas ma surprise ! à la lueur d'une vingtaine de torches, une horde bruyante, montée en partie sur le petit navire démâté et partie sur des canots, s'efforçait de couler le bateau avec sa cargaison. Avec des seaux, avec des écopes, on le remplissait d'eau, et il s'enfonçait lentement sous les pieds de ceux qui le montaient. Alors il me revint à l'esprit toutes sortes d'histoires de pirates et de forbans. J'avais souri au milieu de nos amis d'Etretat en entendant chanter et en chantant moi-même le beau cantique de *Notre-Dame de la Garde,* en arrivant à ce couplet :

Quelque effort que le Turc fasse, etc.

Cette préoccupation des marins d'Etretat d'être rencontrés par le Turc ne prouvait qu'une seule chose, c'est que le cantique de *Notre-Dame de la Garde* est l'œuvre d'un poëte de la Méditerranée déjà quelque peu ancien. Les chances de rencontrer le Turc dans les parages du Havre étaient médiocres. J'ai vu longtemps au Havre un homme qui s'intitulait consul ottoman. Cela lui donnait le droit de placer un croissant et un drapeau au-dessus de sa maison de ville et de sa maison de campagne, et de porter des culottes très-larges. Il ne se croyait au reste obligé à aucune des abstinences prescrites par la religion musulmane, et si l'âme qui habita ce gros corps est dans un paradis quelconque, ce n'est pas dans le paradis de Mahomet. Le consul ottoman n'a jamais eu beaucoup à veiller sur les intérêts de ceux qu'il représentait; en quinze ans que j'ai séjourné au Havre, je n'ai vu d'autre Turc que le fils de Couveley, le peintre, âgé de deux ans, qu'on habillait au carnaval avec un petit costume authentique qui valait bien mille écus.

Je ressentis à l'aspect de ce désordre l'émotion qui vous saisit au moment où on va se jeter dans quelque danger; je me croyais obligé, en ma qualité de nouvel habitant de Nervi, de payer ma bienvenue en prenant part aux dangers qui menaçaient le village; mais un habitant du pays se trouvait près de moi, je l'avais rencontré quelquefois, et, après lui avoir parlé assez longtemps un italien aussi pénible pour lui que pour moi, j'avais découvert qu'il parlait parfaitement le français.

— Attendez-moi, lui dis-je, je cours chez moi un moment et nous descendrons ensemble.

— Nous voyons tout aussi bien d'ici.

— Mais il ne s'agit pas de voir ; je vais chercher mon fusil.

— Pourquoi faire ?

— Eh bien mais, ce qui se passe...

— Ce qui se passe ne regarde ni vous, ni moi ; c'est ce qui se passe chaque fois qu'il vient à Nervi un bateau pesamment chargé.

— Mais ces hommes ?

— Ces hommes sont les marins qui montent le bateau auxquels se sont réunis quelques marins de Nervi.

— Mais ils vont couler le navire.

— Certainement ; ils ne veulent pas autre chose.

— Pourquoi ?

— Vous allez le voir, si vous restez.

J'offris un cigare à mon compagnon, j'en allumai un, et je regardai.

En effet, au bout d'une demi-heure, le bateau coula, et les hommes restés dessus jusqu'à la fin se jetèrent à la mer et s'en allèrent en nageant ; mais les tonneaux pleins de vin, qui est plus léger que l'eau, surnagèrent, sortirent naturellement du bateau qui s'enfonçait, et se mirent à flotter. Les hommes placés sur les canots les poussèrent facilement à la côte, où leurs compagnons avec des cordes les hissèrent sur la plage.

Le navire, n'étant plus chargé, resta à fleur d'eau. On jeta à la mer de fortes ancres, et le lendemain matin on vint le vider et le remettre à flot.

Je ne donne pas ce procédé comme facile et abréviatif, mais je le présente comme ingénieux et bizarre ; autre-

7.

ment le port de Nervi ne pourrait sans grandes dépenses, que le village ne fera pas de sitôt, recevoir aucune marchandise d'un certain volume.

Cette histoire de pirates ne te rappelle-t-elle pas, mon cher Léon, une histoire de notre jeunesse où c'était nous qui jouions le rôle de forbans, de telle façon que les autres acteurs y furent plus complétement trompés que je ne le fus à Nervi dans cette occasion ? Veux-tu venir faire une promenade dans ces riants sentiers où passèrent nos jeunes années d'un pas assez ferme et résolu ? Nous ne pouvons guère plus être jeunes que l'un pour l'autre, et l'un avec l'autre. J'ai, pour ma part, quarante-cinq ans, et ce n'est guère qu'avec toi que je me surprends à laisser aller au dehors cette jeunesse implacablement vivace, emprisonnée sous un front sillonné et couvert de cheveux qui grisonnent.

Pendant le cours de mon récit, il me viendra bien quelque phrase pédante et empesée que je mettrai à la fin, pour faire comme tout le monde, pour afficher avec orgueil le mépris de ce qu'on a perdu.

> A cet âge envieux où naît l'austérité,
> Où l'on fait la sagesse avec l'infirmité.

Depuis quelques années déjà, nous avions inventé la canoterie parisienne, — qui a bien changé depuis nous.

A quinze ans, je louais un des bateaux de Bourdin, le marinier de Saint-Ouen, et je le remplaçais quelquefois dans ses fonctions de *passeur*. — A vingt ans, j'avais un canot à moi, dont les clins étaient peints alternativement de noir et d'orange, — un canot à trois places, la tienne, la mienne et celle de *Freyschütz*, le terre-neuvier. Dieu sait que de jours, le diable sait que de nuits nous avons passés entre les rives vertes des îles de Saint-Ouen, d'Asnières, de Saint-Denis, etc.!

Nous étions seuls alors sur la rivière aujourd'hui encombrée de tant d'embarcations bruyantes. Nous pêchions ; nous nous laissions, en rêvant et philosophant, dériver à des courants qu'il fallait ensuite remonter avec de longs efforts. Ne souriez pas de notre philosophie de vingt ans. Comme l'on est sage, bon Dieu, à cette époque ! comme l'on jouit de tout, de toutes ses forces et de toute sa puissance ! comme on n'aime que ce qui est beau et bon ! avec quel dédain on parle des plaisirs ennuyeux et des joujous chers et ridicules de l'âge mûr !

J'avais cet été-là pour demeure une chambre dépendant du moulin de Saint-Ouen ; j'avais pour lit un hamac ; mais je demeurais peu dans la demeure ; je couchais peu dans le lit. Toi, un peu plus mondain, tu ne venais parfois qu'au milieu de la nuit. Arrivé sur la rive du continent, tu faisais entendre un certain sifflement auquel répondait un signal pareil, et, levant la tête, de mon canot amarré à un saule de l'île dans lequel j'étais couché côte à côte avec Freyschütz, qui, loin d'aboyer, remuait la queue en te reconnaissant, j'allais te prendre sur l'autre bord. Nous soupions dans le canot, tu me racontais ta soirée et tes projets du lendemain. Puis, quand nous étions fatigués, nous allions nous coucher, l'un dans le hamac, l'autre sur une table ou sur une botte de paille.

Puis le matin on pêchait, on nageait, on déjeunait, et quels déjeuners ! quelles omelettes ! que de pain bis avec une piquette... claire, rose, un peu aigre ! Mais comme nous accepterions aujourd'hui le même pain et la même piquette, à condition de retrouver en même temps le même appétit et la même soif !

Et combien de fois, oublieux des projets, des affaires du lendemain, tu restais deux et trois jours sans rentrer dans Paris !.

Un jour, nous étions allés dîner dans l'île Saint-Denis, chez ce bon et énorme Perrin, restaurateur et maire de l'île, qui quittait quelquefois l'écharpe municipale et revêtait le tablier blanc en toute hâte pour préparer le dîner de ceux qu'il venait d'unir pour la vie.

Dans une salle commune se trouvait dînant avec quelques-uns de ses amis un homme que nous avions rencontré quelquefois, et auquel nous avions rendu un soir le petit service de le passer dans l'île. Cet homme, après une longue maladie pour laquelle il avait bu de toutes les eaux et de toutes les boues minérales et infectes, n'avait dû sa guérison qu'aux bains d'eau de Seine, aux douches d'eau de Seine, à l'eau de Seine pour boisson. Peut-être s'avisa-t-il de ce dernier système au moment où la maladie allait mourir de vieillesse. Toujours est-il que notre homme avait décidé qu'il vivrait désormais sur la Seine ; il s'était fait construire une sorte d'arche, un bateau énorme dans lequel étaient disposés quatre chambres avec une terrasse par-dessus ; il n'avait plus d'autre demeure.

Ce jour-là il donnait dans son arche un souper et un bal. Il invita tous ceux qui se trouvaient là, excepté nous deux. Nous fîmes toutes sortes de lâchetés pour obtenir une invitation.

Je lui demandai la permission d'allumer mon cigare, je lui demandai comment il s'était porté depuis que nous avions eu le plaisir de le passer dans l'île, — c'était lui rappeler qu'il était notre obligé ; — tout échoua, et nous en prîmes notre parti.

Vers minuit, comme nous descendions la Seine en canot, nous entendîmes de la musique ; la fête alors nous revint en mémoire, et nous nous dirigeâmes vers le bras de la rivière où nous savions l'arche amarrée. L'arche était chargée de pots de fleurs et de lanternes de couleur ; on chantait, on riait, on dansait, on choquait des verres ; les bouchons de vin de Champagne sautaient au plafond.

Nous fûmes indignés. Nous accostâmes le gros bateau, et frappant à une fenêtre, nous hélâmes.

— Ohé ! quelqu'un du bord !

On entr'ouvrit une des petites fenêtres.

Il serait bien temps de commencer à chercher la phrase morale qui doit finir ce récit.

— Que voulez-vous ? demanda une tête qui s'encadra dans la fenêtre.

— Nous voulons nous amuser, nous demandons une invitation pour ce qui se fait là-dedans.

— C'est une réunion d'amis.

— Nous serons vos amis.

— Passez au large et laissez-nous tranquilles.

Et on referma la petite fenêtre.

— Ah! on ne nous veut pas pour amis! Je propose l'abordage. Qu'en dis-tu?

— Va pour l'abordage!

Nous accostâmes le gros bateau avec le petit canot, mais nous prîmes une mesure de prudence : nous amarrâmes notre canot à un câble de sept à huit brasses qui nous servait pour l'ancre, et une fois montés sur le gros navire, nous repoussâmes le canot au large. Il y avait au moins une trentaine de personnes dans l'arche ; nous pouvions trouver une quinzaine d'hommes de mauvaise humeur, et être obligés à une retraite plus ou moins honorable. Tirer le canot à nous, y redescendre, larguer l'amarre, tout cela pouvait être long. Nous comptions, le cas échéant, couper le câble, abandonner le canot au courant, nous jeter à l'eau et regagner notre embarcation à la nage.

Nous voici sur la terrasse qui s'étend au-dessus de l'appartement.

— Par les cornes de monseigneur Belzébuth, nous déclarons ce navire de bonne prise! Mille sabords, mille canonnades! le premier qui monte de la cale sera pendu à la grande vergue!

La musique se tait, les verres ne se choquent plus.

— Ali-Baba, me dis-tu, mettons-nous le feu à la prise?

— Pas encore, sultan Noureddin, te dis-je ; il faut d'abord faire choix parmi les houris que renferme le navire ; les laides et les hommes seront jetés à l'eau.

— Capitaine, cries-tu après avoir frappé trois coups,

envoie-nous les plus belles de tes passagères, et ne nous trompe pas, ou nous t'accrochons à ton mât de beaupré !

On ne répond pas; un silence de mort règne dans les flancs du navire.

Mais sur l'autre rive on appelle; nous distinguons le nom du maître du navire ; des invités en retard demandent une chaloupe.

Nous répondons par le cri d'usage. Tu prends les lanternes de couleur et les tringles auxquelles elles sont pendues, tu les arrimes à notre bord, mais quelques-unes se sont éteintes ; tu frappes à la petite fenêtre.

— Mort et tuerie ! t'écries-tu, des allumettes pour allumer nos lanternes, ou nous mettons le feu au navire !

Silence.

Tu frappes plus fort et tu répètes ta demande; probablement, on ne réfléchit pas que des gens qui ne peuvent pas, faute d'allumettes, allumer leurs lanternes, doivent manquer des choses les plus nécessaires pour incendier l'arche. On nous jette une boîte d'allumettes, nous partons.

Ce n'était pas sur la rive qu'étaient les invités qui demandaient du secours. Ils avaient un bateau, mais, ne sachant pas le diriger, ils s'étaient embarrassés dans les herbes, avaient perdu un aviron et avaient été rejetés au bord, qu'ils ne pouvaient plus quitter. On nous reçoit avec des cris d'allégresse; mais il y a trois femmes et deux hommes; notre canot trop petit ne nous permet pas de prendre tant de monde à la fois. Nous allons d'abord sauver les femmes.

— Très-bien, menez-les au bateau et revenez nous prendre.

Nous embarquons la précieuse cargaison et nous nous mettons en route. Au bout de quelques instants, on nous hèle du bord de la terre.

— Mais où allez-vous? ça n'est pas par là.

Tu éteins maladroitement les lanternes.

Freyschütz avait jugé à propos de sauter dans l'autre bateau, et nous étions partis sans lui. — On le connaissait, on nous nomme, on nous appelle.

— Ils reviendront; nous gardons le chien.

Mais Freyschütz manifesta ces dents que tu sais; on lui fit place; il sauta dans la rivière et nous rejoignit.

Je ne me rappelle pas bien la suite. Je crois seulement me souvenir qu'une des trois femmes était de très-mauvaise humeur. Mais ce que je sais très-certainement, c'est que les deux autres firent depuis des récits tellement honorables pour nous, de nos façons respectueuses, de notre réserve, de nos attentions délicates, que je me crois dispensé de terminer par la phrase vertueuse dont je t'avais menacé.

Et pour une folie de ce genre, que de jours, que de nuits passés à causer doucement quelquefois de nos espérances, plus souvent de nos regrets! Tu avais déjà alors enfermé dans la tombe ton frère Édouard, et moi, j'avais vu s'évanouir le rêve avec lequel j'allais bientôt écrire *sous les Tilleuls*. Combien le livre eût été meilleur si on avait pu écrire ce que nous disions alors entre ces rives vertes, où il me semble voir encore voltiger l'âme de nos belles journées, de nos doux chagrins, comme les demoiselles vertes sur les joncs fleuris et les nénuphars !

VII

A EUGÈNE KARR

La mode semble de temps en temps vouloir défier ses sujets, et leur imposer des obéissances scabreuses à force d'absurdité.

A Paris, la belle allée des Tuileries, ou du moins celle où se réunit le beau monde, n'est pas au bord de la Seine, sur la terrasse ombragée ; elle est du côté de la rue de Rivoli, à portée du bruit des voitures; elle remplace l'ombre par de la poussière.

A Nice, le chemin des Anglais, la promenade fashionable, est au bord de la mer, il est vrai, mais sur la partie de la plage la moins pittoresque.

On ne sait pas à Paris ce que c'est que la poussière; de sorte que tu ne peux pas apprécier ce que c'est que la promenade des Anglais, non pas seulement l'été, mais aussi l'hiver, lorsqu'il est quatre jours sans pleuvoir. (L'année dernière, il a plu deux fois du 1er février au 5 octobre.)

Après une sécheresse d'un mois, par exemple, les piétons marchent dans la poussière jusque bien par-dessus leurs souliers. Je te laisse à penser quels tourbillons soulèvent les chevaux et les voitures. Au bord d'une méditerranée d'eau, on se promène dans un océan de poussière.

La plus légère brise vous emplit les yeux et vous couvre entièrement, de sorte que, quand même vous ne seriez pas aveuglé, vous ne pourriez pas pour cela reconnaître les gens de votre connaissance, enfouis, ensevelis sous une couche d'épaisse poussière.

A Gênes, c'est une autre affaire. Le grand genre, le suprême bon ton pour les hommes est de s'asseoir sur un parapet ou grille en fer, sur la Piazza della Fontana amorosa, près de la poste aux lettres. Cette grille est au-dessus d'une rue basse, dans laquelle elle a pour fonction d'empêcher les passants de tomber. Elle est à hauteur d'appui, de la largeur du doigt; on y doit être, comme tu le penses, fort mal assis, — mais on ne peut se dispenser de s'y asseoir; on met les deux pieds sur un barreau inférieur. Il y a bien une autre grille en face de la poste, absolument semblable aux regards, mais sur laquelle un homme un peu *comme il faut* ne s'assoit jamais. Ainsi, il est important de ne pas confondre la grille à côté de la poste avec la grille en face de la poste. Ceux qui iront à Gênes désormais et qui se tromperont de grille ne pourront pas s'en prendre à moi; ils sont avertis.

Autre loi de la mode. Le matin, aux heures où le soleil est oblique, où les palais, qui ont en hauteur quinze fois la largeur des rues, vous mettent suffisamment à l'ombre, on peut porter, peut-être même on doit porter le chapeau de feutre mou à larges bords. Mais si depuis midi, quand le soleil, dardant ses rayons perpendiculaires, vient vous rôtir jusqu'au fond des rues, à ces heures où j'ai vu à Nervi « les lézards se mettre à l'ombre, » si on vous rencontre sans le chapeau français, c'est-à-dire sans un tuyau de poêle à petits bords, vous n'êtes plus un homme de bonne compagnie, vous êtes un quidam. Vous ne devez ôter devant une femme que ce chapeau à petits bords ; si vous la saluiez avec un chapeau à grands bords, ce serait une absence de savoir-vivre.

Me demandes-tu des raisons de cet usage !

Des raisons *contre*, je t'en donnerais facilement une demi-douzaine ; des raisons *pour*, il n'y a pas besoin d'en donner, c'est la mode, c'est l'usage, et je te répondrai comme répondent les femmes : « Parce que..... » Tu sais comme cette réponse est triomphante.

Tu es accoutumé comme moi aux belles églises de Normandie et au style gothique ; comme moi, tu as été assez peu édifié, au point de vue architectural, du style Musard, pour ainsi dire, de l'église Notre-Dame de Lorette.

Les églises de Gênes ressemblent en grand, en beau, en riche à Notre-Dame de Lorette.

Depuis Saint-Laurent, bâti de marbre noir et blanc, par pierres carrées alternées, et qu'on dirait construit avec un immense jeu de dominos, — jusqu'à l'*Annonciata*, littéralement dorée en dedans, — les colonnes de marbre un peu trop variées sont revêtues aux jours de fête et enveloppées de damas ou de velours cramoisi avec des franges d'or.

Des tableaux d'un grand prix sont suspendus à l'or des murailles.

Eh bien ! toutes ces magnificences n'ont rien de religieux ; le soleil y entre brutalement à pleines croisées, les voûtes sont basses, carrées ; on n'y retrouve pas cette belle forme ogivale qui dans nos églises fait lever les yeux et l'âme vers le ciel, ni ces vitraux par lesquels le soleil glisse mystérieusement ses rayons un à un ; douce musique de couleurs qui s'harmonise si bien avec la musique poignante de l'orgue.

Il semble que ces gens n'ont rien à demander à Dieu, et qu'au contraire ils lui font des présents.

Il en est de même de leur poésie.

Voltaire disait : « C'est à la Bastille que j'ai fait mes meilleurs vers sur la liberté. »

C'est aux exilés qu'il faut demander ce que c'est que la patrie.

C'est aux amants malheureux qu'il faut demander ce que c'est que l'amour.

C'est dans l'hiver que le poëte s'enivre du parfum des roses absentes, des roses qu'il regrette et qu'il espère.

Mais que voulez-vous ? ces gens-là ont toujours des roses, toujours du soleil ; ils voient toujours le ciel. Pourquoi prieraient-ils ? pourquoi feraient-ils des vers ?

Les poëtes de tous les temps et la plupart des fondateurs de religion ont assez joliment réussi les Enfers ; ils ont trouvé des supplices ingénieux, des misères intéressantes ; mais presque tous, poëtes et fondateurs de religion, ont manqué les Élysées.

C'est dans nos climats brumeux que les clochers aigus, s'élevant comme les peupliers, ont besoin de nous montrer sans cesse de quel côté est le ciel. Les vitraux ne sont que la monnaie du soleil, mais le jour sans soleil suffit pour les éclairer et nous rappeler le soleil.

Je suis cependant disposé à pardonner beaucoup de choses à la cathédrale de Saint-Laurent, l'église de dominos, parce qu'elle a servi de prétexte à une locution proverbiale, pleine de sagesse et d'honnêteté, si elle indique, comme cela semble le signifier au premier abord, l'amour de la ligne droite et la haine des détours, mais moins estimable, si elle n'a peur que des innovations.

La petite rue del Filo débouche en droite ligne sur la place de San-Lorenzo, et cela probablement depuis fort longtemps.

« Quand la petite rue del Filo ne va pas à Saint-Laurent, dit le proverbe, c'est mauvais signe. »

« *Quando il vico del Filo non va a San-Lorenzo, esttivo segno.* »

Les gens qui vont dans ces églises ont un peu l'air de croire Dieu leur obligé de tant d'or, de marbres, de velours, de tableaux, qu'ils lui donnent. Ils n'ont ni recueillement ni respect; ils traitent Dieu sur un pied d'égalité pour le moins.

La trop grande fréquence des exercices religieux a un inconvénient.

L'avocat, en dix ans de métier, ne reconnaît plus le vrai du faux, le juste de l'injuste, l'innocence du crime. Tout ça se plaide.

Le médecin devient parfois insensible à la mort... des autres.

Les parfumeurs perdent l'odorat.

Eh bien! les gens qui mettent tant de petites pratiques pieuses dans la vie quotidienne finissent par se blaser et ne ressentent plus les impressions religieuses.

Quand une fois les yeux sont accoutumés à ce luxe des églises, on est un jour fort surpris en allant à Sainte-Marie de Carignan. Cette église, en effet, est assez éloignée; elle s'élève sur une colline, et c'est naturellement la dernière que l'on voit.

La surprise consiste en ceci que l'église est simple, blanche, sans dorures, sans ornements autres que quatre statues dont deux de Puget, et une petite quantité de tableaux.

Cette église a été construite par une famille dont j'ai oublié le nom.

Je ne sais pas s'il y a à Gênes une seule église qui n'ait été construite ainsi aux frais d'un particulier ou d'une famille.

Cela s'explique :

Il y a à Gênes beaucoup de richesses; on n'y mange pas, et surtout on n'y fait pas manger : on ne s'y habille pas, et on n'y a pas d'équipages.

Il n'y a que trois rues par lesquelles les voitures puissent passer. Ces rues sont dallées; elles sont pleines de femmes qui ne marchent pas, qui ne vont pas, qui se promènent lentement en traînant des robes de soie. On ne permet pas aux chevaux de les salir; si un cheval mal appris s'en avise, à l'instant même un homme paraît avec un panier et nettoie la dalle contaminée. Les voitures qui s'y montrent par hasard vont au pas d'un air penaud, timide, craintif, embarrassé, comme si elles avaient peur d'être écrasées par les piétons. Que faire de cet argent qu'ont les Génois? Ils se font bâtir un palais et une église; un palais en marbre, une église en or. Il en était du moins ainsi autrefois, car aujourd'hui je n'ai vu ni palais ni églises commencés.

On raconte donc qu'un riche Génois bâtit un jour l'Assomption de Carignan, pour faire un peu de plaisir à Dieu, s'il était possible, et pour faire certainement beaucoup de peine à un autre Génois avec la famille duquel sa famille était depuis longtemps en rivalité. Cet autre Génois s'appelait Sauli. Il eut bien envie de bâtir une autre église plus belle, plus riche, sur la colline de Sarzona, en face de celle de Carignano, où s'élevait Sainte-Marie et où il demeurait. Mais une église, c'était commun. Qui est-ce qui n'avait pas fait bâtir son église? Sa famille en avait fait bâtir plusieurs. Il aurait d'ailleurs eu l'air d'imiter son rival. Il fut invité avec toutes sortes de courtoisies à aller voir la nouvelle construction; il répondit qu'il priait qu'on l'excusât pour le moment, qu'il était bien décidé à y aller, mais qu'il avait à faire certains préparatifs indispensables.

On crut qu'il était piqué, vaincu, et son rival triompha.

Mais bientôt on vit des nuées d'ouvriers s'abattre sur la ville. On fut quelque temps à ne pas comprendre quel était son projet, et le fondateur de Sainte-Marie de Carignan prit le parti de le lui demander un matin qu'il s'arrangea pour le rencontrer par hasard à sa porte : — *Honoratissimo signore,* lui dit-il, j'espère ne pas être incivil en vous demandant à quoi vous allez employer cette armée de *muratori* qui se range sous vos ordres. Tout ce que fait votre seigneurie intéresse le public et moi en particulier.

— C'est *elle* qui est trop indulgente (elle, sa seigneurie), répondit Sauli, de vouloir bien témoigner cet intérêt à son serviteur. *Elle* a bien voulu l'inviter à venir admirer la magnifique église qu'elle vient de consacrer : son serviteur va faire faire un pont pour aller de chez lui à l'église de sa seigneurie.

Le fondateur de l'église se retourna pour regarder avec effroi l'espace qui s'étendait du palais de Sauli à l'église de l'Assomption, c'est-à-dire de Sarzona à Carignano. Le palais et l'église étaient sur le haut de deux collines opposées, séparées par un large vallon dans le fond duquel on voyait, sous les pieds, des groupes de palais et de maisons de huit étages.

Après avoir jeté ce regard d'effroi sur le projet, il jeta un regard de compassion sur Sauli, qui ajoutait avec calme :

— Aussitôt que le pont sera terminé, j'aurai l'honneur de me rendre à l'aimable invitation de sa seigneurie en le traversant.

— Sans doute, reprit l'autre, elle veut changer la locution proverbiale qui dit : « Je ferai ceci ou cela quand les poules auront des dents. »

— Nullement, dit Sauli ; je *lui* dis sérieusement que j'irai voir son église, par un pont que je vais jeter d'ici à Carignano. On n'épargnera ni hommes ni argent pour que je puisse aller admirer le plus tôt possible ce beau monument dont elle a doté la ville de Gênes.

— S'il parle sérieusement, c'est qu'il est fou, se dit son interlocuteur en le saluant. Et en s'en allant il se disait : Ce pauvre Sauli !

Commisération que partagea toute la ville lorsque la nouvelle du projet de Sauli se répandit, et surtout lorsqu'on en vit commencer l'exécution. Mais Sauli ne s'occupa plus que de son projet et le mena jusqu'à bonne fin.

En effet, le pont de Carignan passe par-dessus plusieurs rues et de nombreux palais ; on lui croit quelque chose comme cent quatre-vingts mètres d'élévation. La tradition à laquelle j'ai emprunté ce récit ajoute que Sauli alla en effet voir pour la première fois l'église de Carignan en passant sur son pont.

Ce fut pour lui un jour de grand triomphe ; mais il avait alors les cheveux blancs, était fort vieux, et dut se faire porter en litière.

Je ne te garantis pas précisément l'histoire : on me l'a racontée et comme elle m'a intéressé, je te la raconte à mon tour.

VIII

A ACHILLE DE VAULABELLE

Je suis assez honnête pour fournir à mes adversaires, dont plusieurs sont de mes amis, un argument contre moi.

La république de 1848 conserva l'insigne honneur d'avoir aboli la peine de mort sous forme légale en matière politique.

Il a été question d'effacer entièrement la peine de mort du Code pénal.

J'ai été d'un avis contraire, tout en aimant un peu mieux qu'auparavant ceux contre lesquels je soutenais mon avis, et en leur serrant la main plus affectueusement que de coutume. C'est, je crois, une erreur ; mais c'est une belle, une grande, une noble erreur. Les progrès de la raison et de la philosophie ont effacé la peine de mort sur bien des feuillets de nos Codes : on n'est plus puni de mort pour le braconnage, ni pour le sacrilége, ni pour l'émission de la fausse monnaie ; mais on est encore puni de mort quand on a donné la mort, et cela encore sous le bon plaisir du jury, qui use de son droit de grâce assez largement pour que, il y a une quinzaine d'années, on pût compter dans les bagnes de France quatorze parricides auxquels l'omnipotence du jury avait fait grâce de la vie.

J'ai dit à ce sujet et je dis encore : « Que l'on abolisse la peine de mort, je le désire de tout mon cœur, mais que messieurs les assassins commencent. »

Bien entendu que ceci est mon opinion personnelle et n'engage en rien celle d'autrui.

Un des arguments que l'on fait valoir pour la conservation de la peine de mort est l'exemple que le supplice d'un coupable peut donner à ceux qui sont sur le point de le devenir.

Je ne me suis jamais servi de cet argument; je dirai peut-être pourquoi quelque autre jour.

Voici l'argument en question contre cet argument.

J'étais ces jours derniers dans un pays où l'on pend.

Un matin de bonne heure on pendit un homme qui avait assassiné une vieille femme pour lui prendre deux poules qu'elle portait dans son panier.

Voici le résultat de l'exemple donné au peuple par ce supplice :

Un grand nombre d'ouvriers et d'ouvrières, ayant perdu le commencement de leur journée pour assister à ce spectacle instructif, ont passé le reste dans les cabarets et à la promenade.

Le lendemain, les bureaux de loterie, — la loterie ne subsiste plus que dans les pays où l'on pend, — les bureaux de loterie étaient assiégés ; hommes et femmes venaient prendre des billets.

Si vous voulez savoir la raison de cette affluence, la voici :

On attache aux pendus une foule d'idées superstitieuses ; on est allé jusqu'à prétendre que la mort, sous cette forme, n'était pas précisément désagréable. De notre temps, deux exemples célèbres ont prouvé que cette croyance était assez forte pour qu'on voulût en faire l'épreuve personnelle.

On sait quel prix on attache à posséder un morceau de la corde de pendu.

C'est un joli revenu pour les bourreaux dans les pays où l'on pend.

D'autant qu'on peut vendre à fausse mesure de la fausse corde de pendu.

Dernièrement, un ami d'Alexandre Dumas, qui a fait une grande fortune dans un pays lointain, et qui attribue modestement cette grande fortune à un morceau de la corde d'un pendu dont il est possesseur, a pensé un moment à partager sa fortune avec son ami ; mais, après de mûres réflexions, il a changé d'idée. — Pourquoi lui donner mesquinement la moitié de ma fortune, quand je puis lui donner une fortune égale à la mienne? s'est dit cet ami. — Et il lui a envoyé la moitié de sa corde de pendu.

Revenons à la raison de l'affluence des joueurs dans les bureaux de la loterie.

Il s'agissait de réaliser diverses combinaisons ayant toutes rapport au supplicié de la veille.

C'était à la fois grotesque et féroce.

8.

— Je mets 22, 13 et 5, disait une femme ; 22, c'est l'âge du pendu ; 13, la date du jour ; 5, l'heure à laquelle il a été exécuté.

— Je mets, disait une autre, 22 pour la même raison que vous, mais j'ajoute 67, qui est l'âge de la victime, et 2, le nombre des poules.

— Moi, 13, 19 et 10. Il a commis son crime le 10 du mois d'août, il a été condamné le 19 septembre, et il est exécuté le 13 octobre.

— Moi, 22, à cause de son âge, et aussi parce que ce chiffre représente au loto les deux cocottes. — Les deux poules volées à la vieille.

Puis un bruit se répandit : un des carabiniers qui l'ont conduit au supplice a fait une belle fortune. Le condamné, pour lequel il avait été très-complaisant, lui a dit à l'oreille, avant de mourir, trois numéros qu'il avait rêvés. On sait combien sont bons les numéros rêvés par un condamné à mort.

IX

A ALPHONSE LEBATARD

J'entends souvent parler de progrès, j'en parle quelquefois moi-même ; mais moi je ne compte pas. Il y a moins d'espérance que de mauvaise humeur dans mon esprit quand j'entame ce chapitre ; et je vante le progrès, c'est-à-dire l'homme se perfectionnant et perfectionnant tout ce qui l'entoure, un peu comme Tacite louait les Germains et leur prêtait toutes les vertus qui manquaient aux Romains ; il s'agissait moins pour lui de faire l'éloge des Germains que la satire de ses compatriotes.

Je vois bien que l'homme perfectionne tout autour de lui, mais je ne vois pas qu'il se perfectionne lui-même. Or un bossu qui perfectionnerait sans cesse la coupe des habits, et qui ne voudrait ou ne pourrait pas s'occuper de se redresser lui-même, n'en serait pas beaucoup moins bossu pour cela ; il arriverait à avoir une bosse congrûment vêtue, une bosse bien mise, mais il aurait toujours une bosse. Le progrès le plus urgent et le plus important pour l'homme, c'est non pas d'acquérir de nouvelles puissances, mais de commencer par détruire une foule de préjugés, de coutumes, d'abus qu'il a amassés depuis l'origine du monde, et dont il est fier.

Il s'agit donc de revenir un peu du bonhomme pétri d'argile que le Créateur avait placé dans l'Éden.

L'homme n'a pas à perfectionner l'ouvrage de Dieu, il a à le restaurer, à le déblayer des agréments qu'il y a ajoutés.

Je traiterai cette question quelque autre jour, dans quelque lettre que j'écrirai à tout le monde. Aujourd'hui je l'indique sommairement, c'est bien assez.

Ainsi, il y a naturellement plus d'égalité entre les hommes qu'il ne le semble au premier abord.

Un homme d'esprit te paraît très-supérieur, par exemple, à un imbécile.

Ce serait vrai si l'imbécile ne se croyait pas de l'esprit, et s'il était tout à fait impossible qu'il fît partager à d'autres son opinion sur lui-même. Il a une autre ressource, c'est de se piquer de ne pas avoir d'esprit, d'en être orgueilleux, et de dire de l'autre, d'un air dédaigneux : « Ces hommes d'esprit sont comme ça, » ou : « Je n'ai pas autant d'esprit que lui, je n'ai que mon gros bon sens. »

Le bon sens est une faculté rare. « Des sens accordés à l'homme le plus rare est le sens commun. » Il n'y a pas d'esprit réel sans bon sens.

« Qu'est-ce qu'esprit! raison assaisonnée. »
J. J. ROUSSEAU.

« L'esprit, c'est la raison ornée et armée. »
A. K.

On en est arrivé, par haine de l'esprit, à appeler esprit l'absence de bon sens, et à appeler bon sens l'absence d'esprit.

Double erreur et double bêtise, au moyen de laquelle l'homme d'esprit ne triomphe jamais autant de l'imbécile que l'imbécile de l'homme d'esprit. Celui-ci rit un peu, ce qui rétablit l'équilibre.

Un honnête homme et un coquin vous paraissent dans une situation encore assez inégale. Le coquin aurait en effet d'incontestables avantages : tricher à tous les jeux de la vie ; considérer les lois comme des entraves qui obligent seulement les autres; frapper par derrière, tendre des piéges, mentir, voler, tuer sans scrupule. Certes, tout serait à ces gens-là ; mais ils ont une manie qui les ramène au niveau, ils veulent ne pas passer pour des coquins, ils espèrent être réputés honnêtes gens. Cela les tracasse, les ennuie, et les gêne dans leur carrière.

Une jolie femme et une femme qui n'est pas jolie semblent au premier abord être dans une situation d'inégalité monstrueuse.

Oui, certes, si celle qui n'est pas jolie ne croyait pas être parfaitement agréable; oui, si, pourvu qu'on soit *une autre* femme, on ne pouvait pas prétendre aux succès; oui, si tous les hommes s'y connaissaient, et si, en s'habillant de certaine façon, en faisant certaines mines, en disant : « Nous autres, jolies femmes, etc., » il n'était pas très-facile à une laideron de s'installer jolie femme dans le monde, de faire accepter et prendre un chapeau pour un visage, de la soie et du crin pour un corps, etc. ; si on ne voyait pas tous les jours des femmes se servir heureusement et habilement d'une beauté qu'elles n'ont pas, tandis que des femmes, tout simplement, tout réellement, tout bêtement très-belles, laissent cette beauté en friche, par confiance, indifférence ou maladresse.

Il est une persécution que l'on fait subir toute leur vie à certaines personnes, heureusement douées, qui perçoivent facilement, s'assimilent rapidement, en un mot, « ont de la facilité. » On ne cesse de les harceler en leur reprochant leur paresse et en leur citant l'exemple de gens doués de la patience du bœuf, « qui trace à pas tardifs un pénible sillon. »

— « Regardez, leur dit-on ; d'un bond vous êtes au bout du champ, et notre ami le bœuf commence à peine son sillon ; que ne feriez-vous pas si, comme lui, vous travailliez quinze heures par jour, si, comme lui, vous ne nous accordiez pas un instant de repos ! Mais vous êtes paresseux ; vous le devancez en un quart d'heure, puis vous vous amusez à cueillir des bleuets dans les champs, des vergiss-mein-nicht au bord des eaux, du chèvrefeuille dans les bois.

— « Chut ! taisez-vous, ou du moins parlez bas. Vous ne comprenez donc pas que si la Providence donnait à ces gens, avec « la facilité, » la patience et l'opiniâtreté, ils seraient les rois du monde, et voudraient tout au plus de vous et des autres pour leurs domestiques. Ladite Providence nous a donné des sommes à peu près égales à dépenser. Seulement aux uns, elle a donné leur pécule en or, en louis et en quadruples ; aux autres, en billon, en gros sous et en liards ; il est injuste, absurde et dangereux de demander aux premiers qu'ils vous exhibent un aussi grand nombre de pièces que les seconds. »

Tu vas me demander où je veux en venir ; m'y voici.

J'entends sans cesse reprocher aux habitants de Nice leur paresse et leur insouciance en fait d'agriculture et de jardinage.

Mais on ne pense pas que s'ils travaillaient la moitié du temps que nos pays normands ou beauçois, nos maraîchers des faubourgs de Paris, ils seraient trop riches et trop heureux ; ils le sont déjà bien assez.

Mettez donc de l'intelligence et du travail dans un pareil climat !

Si vous voulez des roses, vous coupez une branche de rosier du Bengale, vous greffez sur cette branche un *œil* de la rose que vous voulez posséder, et vous piquez au hasard, où vous trouvez, votre branche toute greffée. Autant que possible, on évite que l'endroit soit pavé. La chose faite, on ne s'occupe plus de sa bouture ; seulement, le Niçois se fâche très-fort si cinquante jours après son rosier n'est pas en fleur.

C'est au point que dernièrement j'eus quelque inquiétude, au sujet d'une canne à laquelle je tiens à un certain point, ayant fait, relativement à elle, certaines promesses qu'il ne me semblerait pas tout à fait correct de remplir au moyen d'une autre.

J'étais dans un jardin, et, pour me débarrasser momentanément de mon bâton, je le piquai dans une plate-bande, puis je me promenai et m'en allai sans songer à le reprendre. Ce n'est que deux jours après que j'envoyai en toute hâte le reprendre. Mon inquiétude était celle-ci :

— Mon rotin a peut-être pris racine et balance au vent des feuilles vertes !

On me le rapporta cependant intact, mais je m'expliquai la chose par ceci : — 1° que le rotin est un roseau des pays plus chauds que Nice ; 2° que Nice avait subi deux jours indignes d'elle et n'avait pas eu sa chaleur propre ; 3° que le rotin n'était resté à l'état de bouture que pendant deux jours.

Je trouve naïf que l'on s'étonne que le paysan niçois ne travaille pas.

Quel est le résultat du travail du paysan français? Nourrir assez mal et vêtir quelque peu lui et sa famille ; payer la redevance convenue au propriétaire du sol ; de plus, entasser sous surcentimes pour devenir propriétaire à son tour d'un lopin de terre. Ce trésor de liards qui ne paraît à la lumière qu'oxydé vert comme pré de son long séjour dans quelque trou, se compose de bouchées de pain chicanées par le paysan à lui-même, à sa femme, à ses enfants.

S'il pouvait obtenir ce résultat sans travailler, croyez-vous qu'il n'en serait pas enchanté et qu'il se ferait scrupule d'en profiter?

Eh bien! au paysan niçois, « Dieu a fait ces loisirs : *Deus hæc otia fecit.* »

Le paysan s'appelle vulgairement le *rentier*. Est-ce par antiphrase? comme on appelait les Euménides « douces, » comme les grammairiens veulent que les Latins aient donné aux bois sombres le nom de *Lucus, à non lucendo,* c'est-à-dire éclairé, parce qu'on n'y voit goutte, opinion à laquelle je me permets de n'être pas converti ?

L'appelle-t-on rentier parce qu'il ne paie pas de rente aux propriétaires ou parce qu'il vit lui-même en rentier ? Toujours est-il que le paysan, le rentier, s'installe dans une propriété ; il y nourrit d'abord lui et sa famille, et il se chauffe sur les premiers produits ; puis il porte le reste au marché, et de temps en temps, arbitrairement, sans contrôle, il apporte un peu d'argent au propriétaire et lui dit : « Voilà votre moitié. » Cette « moitié » est telle que la terre rapporte quelquefois deux pour cent au propriétaire, plus souvent un pour cent, fréquemment rien. Pour ce qui est des vêtements, ils ne sont pour lui qu'un ornement. Les hommes s'habillent fort proprement le dimanche, et les femmes avec une coquetterie très-réussie. Si quelques-uns ont un peu de terre à eux, c'est l'exception ; du reste ils n'ont pas, comme nos paysans, la fièvre du « lopin, » fièvre qui rend les nôtres fous, eux si défiants, si intéressés, eux qui passent la semaine à gagner des sous et le dimanche à les compter. Cette fièvre de la terre trouble tellement leur calme cervelle qu'ils empruntent de l'argent à six et sept pour cent, qui ne rapportera que trois après qu'elle aura été arrosée de leurs sueurs.

Le paysan niçois étant parfaitement le maître dans la propriété dont il est rentier, n'a aucune raison de désirer devenir le propriétaire ; il y perdrait. Il faudrait payer des impôts, faire des réparations, prendre un paysan qui usurperait tous vos droits, et n'avoir plus dans les produits que la pauvre petite part que l'on fait au maître.

J'ai raconté dans une lettre adressée à M. Tourret, l'ancien ministre de l'agriculture, comment on plante les choux à Nervi, près de Gênes. On attend que le soleil ait durci, fêlé, lézardé et fendu la terre comme un vieux pot de faïence; on glisse adroitement de jeunes choux dans les fentes, et on va pêcher à la ligne au bord de la mer, en faisant des vœux pour qu'il ne tarde pas à pleuvoir, et en attendant que les choux soient assez gros pour qu'on puisse les porter au marché. Notez que la plage de Nervi est fort stérile en poissons, et que le plaisir de la pêche consiste en ceci qu'on ne fait pas autre chose.

Eh bien! par ce procédé de culture simple et très-peu fatigant, on obtient de magnifiques brocolis et d'énormes choux-fleurs.

A Nice, c'est un peu plus laborieux; on travaille dans une proportion suffisante pour entretenir la santé et l'appétit. Il faut dire que les Niçois arrangent très-bien et très-habilement la terre, au moyen d'une sorte de houe qu'ils appellent *sapa*, et qu'ils la disposent très-prestement pour l'irrigation.

Du reste, ils ont une richesse inattaquable; ils ont des besoins forts réduits. Ils mangent et boivent peu. Des fèves cuites l'hiver; l'été, des tomates et des poivrons crus, que l'ail que l'on y mêle se charge de cuire dans l'estomac, leur font des repas dont ils se montrent satisfaits. On mange au dessert des petits pois crus. Depuis quelques années, il n'y a pas de vin, ou du moins le peu que l'on fait de vin est si cher, qu'on préfère le vendre. Ils boivent tranquillement de l'eau. Pour le reste, ils vivent dans une insouciance admirablement complète.

Une des cultures les plus productives du sol niçois, est la violette pour la parfumerie. La violette que l'on cultive à cet effet est la violette double grise, appelée à Paris, où elle est toujours chère, violette de Parme. Elle est ici si généreuse, que c'est encore un bon produit quand les parfumeurs ne la paient que vingt sous le kilogramme, et Dieu sait quel bouquet ferait un kilogramme de violettes ! Au mois de mars, on cueille la violette, et on dit : « Il est regrettable qu'on n'ait pas sarclé la violette, cet été, elle est étouffée par la mauvaise herbe. » La récolte terminée, on ne jette plus les yeux de ce côté-là, on ne passe même plus dans cette partie du jardin, jusqu'au mois de mars suivant; alors on cueille les nouvelles fleurs, en disant : « Il est vraiment regrettable qu'on n'ait pas sarclé la violette cet été. » On la cueille et on ne la regarde plus jusqu'au mois de mars, où les choses se passent exactement de même ; la seule différence consiste en ce que, chaque année, il y a un peu moins de violettes.

Un paysan, mon très-proche voisin, vint un jour dans mon jardin, je ne sais pour quelle raison. Ses regards tombèrent sur un pêcher, et il me dit :

— Voilà une bonne pêche, monsieur.

— Je l'ai trouvée ici, où elle ne me semble pas rare,

lui répondis-je ; il y en a une douzaine dans le jardin. Est-ce que vous n'en avez pas?

— Non, monsieur.

— Est-ce qu'il y a longtemps que vous cultivez le jardin où vous êtes?

— Il y a vingt-deux ans, monsieur.

— Il faudra en prendre des greffes au mois d'août.

— Le paysan d'ici m'en a une fois offert, monsieur; mais, vous savez, quand on greffe dans son jardin, on prend ses greffes sur l'arbre à côté.

Une plante parfaitement et rudement épineuse, qu'ils décorent du nom d'artichaut, m'avait paru quelque peu offensante d'abord, tant elle ressemble au chardon. Je dois reconnaître que ces artichauts sont très-supérieurs aux nôtres, surtout quand on les mange crus.

Je ne rendrai pas le même hommage à leurs pois, ils montent à sept ou huit pieds, ont besoin de grandes rames, sont souvent rabattus par le vent, produisent peu, et des grains très-médiocres, et tiennent les plantes voisines à l'ombre. Un propriétaire niçois les avait vus fort dédaignés par les étrangers : il fit venir la semence de France, où on lui avait dit que les petits pois étaient excellents. Il demanda ce qu'il y avait de meilleur, on lui envoya le poids vert de Prusse, pois excellent qui ne monte qu'à un pied; il le donna à son rentier en lui disant : « Aie bien soin de cette graine, elle vient de France et coûte fort cher. »

Le rentier mit en réserve ses plus hautes cannes, et

alla dans la colline choisir de longues et fortes gaules, puis il établit une sorte de treillage de douze pieds de haut, pensant que des pois qui venaient de loin et qui coûtaient cher devaient monter bien plus haut que ceux qu'il était accoutumé à semer.

— Comment vont les pois de France? lui demandait le maître de temps en temps.

— Ils ne vont pas mal, mais ils ne montent guère vite.

— Soigne-les bien.

— Ce n'est pas les rames qui leur manqueront.

— Pense que rien que le port de la graine me coûte cent sous.

— Alors je n'ai peut-être pas mis de rames assez hautes ; je n'ai pas mieux trouvé. Mais, l'année prochaine, je m'en procurerai. En attendant, j'ai fait réparer l'échelle pour les cueillir.

— Comment vont les fameux pois? demanda le maître, un mois après.

— Ne m'en parlez pas, monsieur! On vous a volé comme dans un bois.

— Que veux-tu dire?

— Je veux dire que ces fameux pois, ces pois de France, ces pois dont le transport seul vous a coûté 5 fr., sont des pois dégénérés ou sauvages. Savez-vous à quelle hauteur ils ont commencé à fleurir?... Ne cherchez pas, vous ne le devineriez pas. Ils ont commencé à fleurir à quatre pouces de terre.

— Vraiment!

— Et ils ont cessé de monter avant d'avoir atteint un pied. Aussi je n'ai pas gardé de semence.

— Tu as bien fait. Mon Dieu! qu'on est donc trompé! Des pois qui viennent de si loin! des pois si chers! ne pas monter plus haut que ça! Tu ressèmeras de nos anciens pois.

Voilà comment le paysan niçois reste l'égal du paysan français.

Voici comment le bourgeois niçois n'est aussi que l'égal du bourgeois français.

Je parle de l'égalité au point de vue du bonheur.

Rousseau disait de la liberté — (Dieu sait s'il l'aimait et s'il en a répandu l'amour!) : — « La liberté est un aliment de difficile digestion; elle exige de bons estomacs. »

Il en est de même et encore pis du bonheur. L'homme n'en peut savourer qu'une certaine quantité. D'ailleurs, il existe en grande partie par le contraste, et se compose surtout de deux sentiments tristes : le souvenir de la privation et la crainte de la perte.

C'est quand le soleil disparaît et quand on le revoit à l'horizon qu'il illumine le ciel de ses plus belles teintes.

C'est un peu après l'hiver que les prairies s'émaillent de fleurs; c'est un peu avant l'hiver que les arbres se revêtent de pourpre et d'or.

Toujours après la privation, toujours un moment de perdu.

Les Niçois étaient fort embarrassés. Les gens heureux, comme les gens spirituels, comme les gens bien portants, ne sentent ni le bonheur, ni l'esprit, ni la santé. Les habitants de Nice voulaient sentir leur bonheur, et pour cela il fallait en user avec modération, il fallait à tout prix se procurer un hiver. Mais où le prendre ? Dans les mois de novembre, décembre, janvier, il y a dans les jardins des roses, des œillets, des giroflées ; les orangers sont chargés de fruits, les citronniers de fruits mûrs et de fleurs. Et puis cette époque s'appelle à Nice « la belle saison. »

C'est, en effet, la saison « du passage des étrangers, » qui viennent par volées s'abattre sur cet asile, où ils se mettent à l'abri des frimas. C'est au point de vue de l'hiver, et pour orner les divers trébuchets tendus à ces oiseaux, que le Niçois réserve toute son industrie, tous ses efforts ; c'est alors qu'on soigne, qu'on cultive les jardins.

Qu'ont-ils fait ? Ils se sont fait un hiver de l'été.

C'était hardi, mais le succès a pleinement couronné leurs efforts intelligents. Ils ont réparé le tort qui leur avait été fait par la Providence ; ils ont déclaré n'accepter leur climat que sous bénéfice d'inventaire et avec l'intention d'y annexer quelques perfectionnements. Ils se sont insurgés contre la partialité de Dieu, ils ont conquis un hiver. Ils ont leur hiver comme tout le monde.

Seulement, comme on ne peut appeler hiver une saison pleine de roses, d'œillets et de jasmins; comme les mois de novembre, décembre, janvier, février, étaient pris d'avance par une sorte de printemps ; comme mars, avril et mai voient encore des étrangers, — ils ont mis l'hiver dans les mois de juin, juillet, août et septembre; — ça ne fait que quatre mois, mais qu'y faire? Il y a des premières volées d'étrangers qui s'abattent sur Nice dès le mois d'octobre. En attendant, on subit son hiver, — comme on lave son linge sale, — en famille.

Mai est à ses derniers jours et les jardins débordent de fleurs. Voilà le dernier étranger parti; il semble alors que la pièce est finie et que l'on baisse la toile. On coupe les fleurs qui restent, on n'arrose plus, on taille très-court les rosiers et les œillets, en même temps qu'on serre le linge (la *biancheria*) et l'argenterie. De l'eau à des fleurs! allons donc! nous n'en aurions plus assez pour boire. Qui sait quand il pleuvra maintenant! il arrive parfois qu'un œillet rebelle, qu'un rosier anarchique s'avise de montrer un bouton; on le supprime en toute hâte. Des fleurs l'été! pourquoi faire ? gardez donc vos fleurs pour l'hiver. Est-ce qu'on fleurit, l'été ? c'est commun, c'est paysan, c'est presque canaille.

Enfin, la mauvaise saison, si laborieusement faite, se passe tant bien que mal ; on s'est préservé, tant qu'on l'a pu, du beau temps et des fleurs.

Le mois de septembre est fini, la belle saison revient avec le mois d'octobre. On délivre la séve comprimée, réprimée, emprisonnée, on arrose les plantes, on leur permet de fleurir ; bien plus, on les y engage. On sable les jardins, on ouvre les fenêtres ; voilà la mauvaise saison passée, voici l'hiver, Dieu soit loué ! lâchez les fleurs.

Outre cet hiver général, appelé l'été par habitude, quelques habitants se font de petits hivers particuliers, qu'ils commencent au printemps.

Par exemple, des étrangers qui habitaient une maison partent-ils dès le mois d'avril, c'est le départ des hirondelles, c'est la mauvaise saison qui commence pour le propriétaire de cette maison. Il plie immédiatement ses rideaux, il met les housses au jardin comme aux fauteuils, il arrête le beau printemps comme un chef d'orchestre arrêterait ses musiciens, si le public désertait tout à coup la salle. Le printemps ne peut pas se jouer devant les banquettes. On coupe les thyrses des lilas qui allaient fleurir : il n'est pas rare que des lilas traités ainsi fleurissent au mois de décembre, dans la belle saison, comme devraient toujours faire les lilas.

Quand on arrive à Nice, on croit, au premier abord, que les habitants sont de grands amateurs de fleurs. On trouve dans les jardins de paysans et dans la campagne, un grand nombre des fleurs que nous cultivons en France avec beaucoup de soin, et souvent avec beaucoup de peine dans nos parterres.

Ainsi des anémones doubles et simples, les hépatiques émaillent de leurs étoiles écarlates, bleues et lilas, les versants des côtes. Les glaïeuls sont une mauvaise herbe,

9.

dont on chercherait à débarrasser les blés, si l'on était dans l'usage de sarcler. Des tulipes d'un rouge de fer, qui, par une charmante harmonie, ont à la fois la forme et la couleur de la flamme ; d'autres tulipes roses et blanches, des myrtes, etc., sont des plantes sauvages. Les grenadiers et les rosiers forment des haies. Quand on parle de faire un jardin d'agrément, on dit : « Il faudra ôter les orangers et les citronniers, c'est trop commun. » De loin en loin quelques palmiers se dessinent en silhouette verte, mais ferme et nette sur le ciel limpide.

On se croit dans la situation de ce voyageur des contes arabes, qui arrive dans un pays où des enfants jouent au palet, aux billes ou à la marelle avec des diamants, des rubis, des émeraudes, des topazes, des améthystes, des diamants ronds ou aplatis. « Ce sont sans doute les fils de quelque puissant roi, » dit-il, et il s'incline avec respect. Les enfants se moquent de lui, et bientôt il s'aperçoit que ces enfants ne sont que des gamins, comme les pierreries ne sont que des cailloux de ce pays-là.

Le nombre des personnes qui s'occupent de fleurs est très-restreint. Quand on a découvert que les roses, les violettes, les tubéreuses, les jasmins, le réséda, sont destinés aux parfumeurs, cultivés par le paysan comme les choux et les tomates ; que les fleurs sont cueillies chaque matin à peine entr'ouvertes, et que le propriétaire ou le promeneur voit seulement celles qu'on a oubliées ou qui commencent à déplisser leurs pétales ; en un mot, qu'il y a énormément de rosiers et peu de roses, le compte des vrais jardins n'est pas long à faire ; faisons-le.

Quand on a cité la pittoresque villa de Saint-Vallier, appartenant à des Français, comme l'indique surabondamment ce nom historique, où, au-dessus et au bord de la mer, on trouve, sous un bois d'oliviers, un bosquet de camellias ; — le jardin du chevalier Lamarguerye, Piémontais, qui a commencé à mettre à exécution l'intention d'en avoir une forêt ; — celui de M. Suzani, qui demeure, lui, dans un bois de rosiers bien choisis, dans un jardin qui a été primitivement planté par un Français, mais qu'il enrichit chaque jour ; — ceux du comte et de la comtesse Laurentie, qui prouvent qu'ils ont des fleurs en en donnant très-généreusement ; — le jardin Gassaud, où l'on se tient assez bien au courant des nouveautés ; — la magnifique villa Bermond, à Saint-Etienne ; — puis, quand on a vu en passant sur la plage de la mer la philosophique retraite pleine de roses du général Régis, et celle de M. Ramorino, on vous désigne encore deux amateurs de fleurs, un Anglais et un Français, qui, dit-on, sont fort curieux et fort riches de belles plantes.

Tout porte à croire que M. et madame Dabbadie, l'un Américain, je crois, l'autre Allemande, qui font bâtir un ravissant petit château sur la côte de Carabacel, ont trop de goût pour ne pas vouloir remplir de belles fleurs le terrain qui entoure cette construction élégante et poétique.

Un amateur distingué, mais amateur platonique, c'est le baron Prost, officier français retiré à Nice depuis bien longtemps.

M. Prost, membre de la Société d'horticulture de Paris, ayant des amis en Angleterre, en Hollande, en Amérique et partout, en entretenant avec eux une correspondance où l'horticulture n'est pas oubliée, demande et reçoit de belles plantes, des graines précieuses ; mais il n'a pas le temps d'avoir un jardin. Le baron Prost s'occupe avec un égal succès de musique et de peinture. Depuis deux ans, il a étudié la médecine homœopathique, et comme ses consultations sont gratuites, comme au besoin il ajoute sans augmentation de prix les globules d'aconit ou de bryone ; c'est un des médecins les plus occupés. Notez que, doué d'une merveilleuse facilité pour l'étude des langues, il les parle presque toutes avec une aisance qui trompe agréablement les étrangers et leur rend sa société précieuse. On comprend difficilement comment les vingt-quatre heures que lui donne chaque jour peuvent lui suffire pour s'occuper encore d'observations scientifiques.

Le baron Prost n'a pas de jardin ; mais un jour la princesse P***, en se promenant l'hiver dans son parterre, aperçoit avec admiration une plante nouvelle. De son côté, la comtesse *** trouve dans une partie déserte du sien une riche plate-bande qu'elle ne connaissait pas. On s'informe, on questionne. On apprend qu'un homme s'est introduit clandestinement et a planté sans rien dire ces richesses végétales : c'était le baron. On lui doit aussi l'introduction de plusieurs belles plantes.

Une circonstance qui m'a beaucoup surpris, c'est de voir u'au théâtre les femmes de Nice n'ont que très-rarement qe fleurs, dans ce pays où ce n'est plus une flatterie mythologique de dire qu'elles naissent sous leurs pas.

Est-ce qu'elles n'aiment pas les fleurs ? — est-ce qu'on ne leur en donne pas ? — est-ce mauvais goût des hommes ? c'est une question que je n'ai pu encore résoudre. — Toujours est-il que si vous voyez des femmes coiffées en fleurs naturelles ou portant de beaux bouquets, vous pouvez être à peu près certain que ce sont des étrangères.

C'est ce qui explique qu'il n'y ait à Nice que trois cultivateurs de fleurs, dont deux sont Français.

Il faut citer d'abord M. Joseph Bresson, qui occupe un petit jardin et deux ou trois serres avec ses enfants. Le père Bresson cultive avec placidité un certain nombre de plantes auxquelles il est habitué et qui sont habituées à lui.

Il y a ensuite un nommé Marion, qui va en France chercher des plantes, et fait plus de commission que de culture. — Je ne pense pas, du reste, qu'il doive contribuer beaucoup pour sa part à répandre le goût des fleurs.

Mais il s'élève à Nice un établissement important, sérieux, et qui prendra d'ici à quelque temps une des premières places dans les établissements européens destinés à l'horticulture.

M. le comte de Pierlas a consacré une très-belle propriété et des capitaux importants à la fondation de cet établissement, pour lequel il s'est associé un Français, M. Louis-Martin Joly, jardinier habile, instruit en horticulture et en beaucoup d'autres choses, qui a acquis en peu de temps l'estime et la considération qu'il mérite.

L'établissement du Ray commence au point précis du perfectionnement où finissent ceux qui l'ont précédé.

Ainsi on y trouve déjà des serres construites sur le plan de celles de mon célèbre ami Van-Houtt, de Gand.

M. le comte de Pierlas et M. Martin Joly, ont d'abord fait venir de tous les points les plus riches collections en tout genre, puis maintenant on multiplie, on sème et on crée soi-même.

Ainsi, dès cette année, M. Martin Joly a fait un semis de dahlias très-heureux ; il a bien voulu, en marque d'amitié, donner mon nom à un de ses grains.

Les chances d'avenir et de fortune que possède l'établissement du Ray, chances qui doivent, habilement conduit comme il l'est, le porter au premier rang, consistent, selon moi, en ceci. Le climat de Nice permet de cultiver et de multiplier à l'air libre presque toute la serre tempérée de France, de Belgique et d'Angleterre. Ces conditions amèneront une économie dans les frais de production qui rendra impossible, dans un temps donné, aux autres établissements de lutter de bon marché avec lui. C'est encore un luxe qui se met à la portée de tout le monde.

Je suis heureux de constater que les Français reconnaissent la très-bonne et très-cordiale hospitalité que donne la ville de Nice à un grand nombre d'entre eux, et que, non contents de prendre leur part des charmes de ce beau pays, ils contribuent encore à l'embellir.

Tu me demandes souvent, mon cher Léon, pourquoi je reste ici, c'est ici que je te répondrai quand tu viendras m'y voir. Je me fie assez à ton amour intelligent de ce qui est beau pour ne pas désespérer que tu oublies aussi de t'en aller, que tu t'*acoquines* dans ce pays de printemps, et que tu remettes ton départ au lendemain, pendant une vingtaine d'années, comme ont fait ici un certain nombre de gens qui sont venus y passer un mois, il y a quinze ou vingt ans, et qui y sont encore.

X

A MA MÈRE

Quand je fus décidé à rester quelque temps à Gênes, je m'occupai de chercher un logement à la campagne; on m'indiqua Nervi, hameau situé à trois lieues de Gênes, dont les habitants s'occupent exclusivement de la culture des orangers et des citronniers, sauf un très-petit nombre qui sont pêcheurs. Nervi est bâti dans un espace très-étroit situé entre les roches noires qui encaissent la mer et de hautes montages. Le vent du nord, quand il s'élève derrière ces montagnes, passe naturellement par-dessus Nervi et ne peut se faire sentir qu'à un demi-quart de lieue en mer. Cette montagne, couronnée à son sommet de châtaigniers, est, au-dessous des châtaigniers, toute couverte d'oliviers et d'orangers. De place en place et à diverses hauteurs du sein des arbres sort une maison, jaune, rouge, verte, bleue, noire, rose, etc. Dans le village quelques grandes maisons. Toutes les maisons sont peintes et offrent des détails curieux. Les peintres italiens ont une adresse qui trompe complétement les yeux à une très-petite distance ; tous les ornements d'architecture sont en relief, des colonnes, des balcons, des statuettes, des ogives, etc. Mais c'est dans les fausses fenêtres que se déploie la fantaisie de l'artiste, et souvent, hélas! selon le goût médiocre du propriétaire.

L'un fait paraître à travers une fausse fenêtre qui semble ouverte de grands rideaux du plus riche damas; à cette fenêtre est une femme qui lit derrière une jalousie; à cette autre une cage accrochée donne un asile peu sûr à un oiseau vers lequel un gros chat angora se glisse en rampant.

Une servante secoue un tapis par une autre fenêtre; un chasseur se glisse derrière elle et l'embrasse. A part l'excès des illustrations et les personnages, c'est un spectacle très-agréablement varié que celui de toutes ces maisons peintes de diverses couleurs à la ville comme à la campagne. Sur les maisons de ville, entre de vraies sculptures de marbre, sont des tableaux dus quelquefois à des pinceaux célèbres; souvent les portraits en pied de quelques grands hommes du pays, parfois même d'hommes politiques encore vivants. A la campagne, on s'occupe surtout d'imiter avec une très-scrupuleuse perfection toutes les magnificences de l'architecture et de la sculpture. Il faut quelquefois toucher les murailles pour se convaincre que ces palais si chargés d'ornements ne sont en réalité qu'une surface plate. Ce qui n'est pas moins extraordinaire que ces peintures, c'est la rapidité avec laquelle elles sont exécutées. A mesure que les maçons ont étendu un dernier enduit de chaux sur la surface d'un étage, les peintres remplacent les maçons sur le même échafaudage; pendant que les maçons passent à l'étage suivant, et surtout sans attendre que l'enduit soit sec, afin que la couleur le pénètre dans toute son épaisseur, avec leurs pots à couleur, leurs brosses et une règle pour tout bagage, deux hommes peignent cet étage en deux jours.

Le dedans des maisons est également peint; — les plafonds ne sont jamais plats, mais élégamment bombés; — dans les palais de Gênes et dans quelques riches villas, ce sont des peintures du plus grand prix, faites par d'illustres artistes. — Dans les habitations plus modestes, on se contente d'encadrements, de rosaces, d'ornements presque toujours d'un grand style et de très-bon goût; des gerbes de fleurs, des oiseaux, etc.

Dans la plupart des palais dont le nom est historique, les plafonds représentent les grandes actions des doges, des capitaines ou des personnages célèbres à divers titres qui les ont habités.

Quelquefois il se trouve dans certaines familles plus de plafonds que de faits glorieux : c'est alors que doit se montrer inventif le génie de l'artiste. J'ai vu à Nervi, dans un assez beau palais appartenant à une famille autrefois riche et puissante, une difficulté de ce genre assez peu vaincue. La grande illustration, le grand éclat de la famille N..., est dû à un ancêtre qui eut l'honneur, je ne sais à quelle époque, de présenter un plan à je ne sais quel pape. Le salon de réception, qui est immense, a un plafond divisé en douze compartiments. Au centre est une dixième muse, non pas fille, comme les autres, de

Jupiter et de Mnémosyne, mais née de la fantaisie du peintre : c'est une muse qui préside aux plans. Les divers compartiments sont remplis ainsi qu'il suit :

1ᵉʳ compartiment : Le seigneur N... rêve à son plan.

2ᵉ compartiment : Le seigneur N... met son plan sur le papier.

3ᵉ compartiment : Le seigneur N... se met en route pour aller présenter son plan à Sa Sainteté.

4ᵉ compartiment : La signora N... pleure fidèlement l'absence de son époux.

5ᵉ compartiment : Le seigneur N... présente son plan au pape.

6ᵉ compartiment : Le seigneur N... reçoit une magnifique chaîne d'or.

7ᵉ compartiment : Le seigneur N... monte à cheval pour retourner à Nervi.

8ᵉ compartiment : Le seigneur N... arrive à Nervi ; la signora l'embrasse avec effusion.

9ᵉ compartiment : Le seigneur N... montre la belle chaîne d'or à sa femme.

10ᵉ compartiment : Le seigneur N... lit une lettre de compliment de Sa Sainteté.

11ᵉ compartiment : Le seigneur N... se réjouit à table avec sa famille d'une lettre aussi honorable.

12ᵉ compartiment : Le seigneur N... voit en songe son plan exécuté par de petits anges bouffis qui remplacent les maçons.

On m'enseigna une grande maison appartenant à un riche négociant de Gênes. Cette maison, bâtie sur le rocher, est tellement près de la mer, que dans sa colère, parfois, la mer entre dans la cuisine. Derrière la maison s'étendait un jardin assez grand, mais très-pauvre pour des raisons que j'ai expliquées dans la lettre que j'ai déjà adressée de Gênes à M. Tourret. Cependant, de beaux lauriers-roses y fleurissaient sur le fond bleu de la mer. J'en conclus, un peu vite peut-être, que j'y serais parfaitement logé. J'allai trouver le propriétaire auquel je dis : « Monsieur, je suis étranger et n'ai de notions sur rien ; mais je n'en suis pas inquiet, sachant que j'ai affaire à un des plus importants négociants de Gênes ; dites-moi vos conditions. » Il parut touché de cette marque de confiance et me loua sa maison un tiers en sus de l'estimation qu'il en avait fait faire le matin même, ainsi que le hasard me le fit savoir depuis. Mais pourquoi serait-on si heureux d'une marque de confiance si on n'en abusait pas ? Il s'agissait de faire une sorte de compromis par écrit. Il prétexta des affaires urgentes qui ne laissaient pas un instant de liberté à une vingtaine de commis dont il était entouré, et me pria instamment de faire faire deux copies du bail.

Comme je le quittais, il me rappela du haut de son escalier, et me cria, comme s'il l'avait oublié : A propos, il faut que ces deux copies soient sur du papier timbré.

Et il avait gagné seize sous.

Ces deux mots lancés du haut de l'escalier, c'était le

post-scriptum à la lettre des femmes. Il s'agissait de déménager.

La maison de M... n'était pas meublée, et j'avais dû acheter quelques meubles, bien peu, mais trop cependant pour que je pusse les emporter dans mes poches.

J'ai pris une telle haine des meubles, — pour avoir appartenu pendant quinze ans à une vingtaine de bahuts, chaises sculptées, tableaux, etc., — qu'on peut s'en rapporter à moi pour ne pas encombrer les maisons.

C'est une singulière manie que la manie de la propriété, et entre autres que la propriété des meubles.

Je passe dans une rue, je vois à travers des vitres un commis occupé à frotter, cirer, épousseter des morceaux de bois. — Il me prend un violent désir de relayer ce pauvre homme et de frotter, de cirer et d'épousseter à mon tour les susdits morceaux de bois.

J'entre dans la boutique. Vous croyez peut-être que je vais demander de l'argent pour me consacrer à cette corvée? Du tout : c'est moi qui en offre, et l'homme se montre exigeant. Il ne me permettra qu'à un très-haut prix de frotter les morceaux de bois à sa place; nous nous querellons un peu, puis je cède à peu près; je donne de l'argent à deux hommes qui portent les morceaux de bois chez moi, et dès le lendemain j'entre en exercice, je frotte, je cire et j'époussète. Je paye un logement fort cher pour placer beaucoup de ces objets, et j'attire chez moi, en les nourrissant et les abreuvant, beaucoup de gens quelquefois très-ennuyeux, pour leur faire voir que j'ai seul le droit de frotter, de cirer et d'épousseter tous ces morceaux de bois.

Je m'adressai pour opérer mon déménagement à un très-brave homme que je n'ai jamais connu que sous le nom de il Gerante; il était gérant d'un journal, mais entendons-nous sur ce titre, c'est-à-dire qu'il balayait le bureau, nettoyait les habits et les bottes du directeur, lui faisait à déjeuner, collait les bandes du journal et le signait. On m'avait recommandé à lui parce qu'il parlait un tout petit français mélangé; je le priai de me procurer une charrette pour transporter mes meubles à Nervi : — c'était le seul service qu'il pût me rendre en cette circonstance, car pour ce qui est de m'assister de ses bras, cela lui était impossible.

A Gênes, il est tout à fait déshonorant de porter quelque chose dans la rue; les servantes elles-mêmes ne portent jamais rien; on les autorise, quand elles vont au marché, à donner une mezza-moutte à un facchino qui porte leur panier. Si vous donniez quelque chose à porter à une servante ou à un domestique, vous vous exposeriez à ce qu'il vous refusât nettement et ne restât pas au service d'un ignorant ou d'un mal appris.

Les Anglais ont des chiens d'arrêt célèbres qu'ils appellent *pointer;* ils ne les laissent pas rapporter. Le pointer arrête le gibier; quand il le voit abattu, il prend un air insouciant et va se mettre derrière son maître au moment où cette place est quittée par un épagneul qui est le domestique du pointer et qui ramasse pour lui.

Le domestique génois ne porte pas ; aucun Génois ne porte rien.

Ce préjugé fait un gros revenu aux facchini.

Il gerante me rencontra un jour dans la rue, la grande rue, la belle rue, via Nuovissima ! — Ah ! signor chevalier, me dit-il, qu'est-ce que ceci ? Et il me montrait un paquet de livres que je venais de prendre chez le libraire Bœuf.

— Voulez-vous, me dit-il, que je vous appelle un facchino ?

Ne vous effarouchez pas de me voir appeler monsieur le chevalier. A Gênes, et surtout à Nice, il est poli de vous appeler M. le comte ou M. le marquis. J'ai refusé ces deux titres et l'on allait me prendre pour un aventurier, lorsqu'un morceau de ruban rouge à ma boutonnière fit dire : Mais au moins vous êtes chevalier ! d'un ton qui semblait me soupçonner de porter indûment cette décoration. J'ai expliqué aux gens que j'ai connus davantage que ce n'est pas l'usage en France de donner ou d'accepter ce titre. Mais beaucoup d'autres Français ont dit le contraire. Tout le monde étant marquis ou comte, un bourgeois serait humilié de connaître un homme qui ne serait pas au moins chevalier.

— Signor gerante, répondis-je, je n'ai pas besoin de facchino, je vais chez moi à deux pas d'ici, et j'ai bien la force, je vous assure, de porter ces quelques volumes.

— C'est impossible, me dit-il sèchement.

Puis il eut un moment d'hésitation et d'anxiété; ses

regards se portaient sur moi, sur les livres, sur lui-même ; il rougissait, il pâlissait. Tout à coup il prit un parti héroïque : il enfonça son chapeau jusqu'aux yeux, il m'arracha les livres et s'enfuit à toutes jambes à travers une rue étroite. Je restai un moment stupéfait, puis je me mis en route ; je le trouvai dans mon escalier ; il essuyait son visage trempé de sueur ; il avait déposé mes livres devant ma porte, il avait parcouru deux fois la distance directe, mais il avait passé par des rues si étroites, si sombres, qu'il espérait n'avoir pas été reconnu, n'avoir pas été vu portant quelque chose.

Le lendemain il gerante était occupé ; c'était le jour d'apparition de la feuille ; il avait ses bandes à coller, mais il n'avait point oublié ma commission. Dès le point du jour, je vis arriver un homme qui me dit en italien de Gênes :

— Elle a besoin (elle, ma seigneurie), elle a besoin d'une voiture ?

— Oui.

— Elle ne pouvait être mieux adressée qu'à moi ; j'ai les plus beaux chevaux de Gênes et des voitures magnifiques.

— Je n'ai besoin que d'une charrette et d'un mulet.

— Qu'est-ce qu'elle a à emporter ?

Je lui montrai mon mobilier.

— Elle est bien heureuse de m'avoir rencontré. De si beaux meubles ! Un autre lui briserait tout.

— Les meubles ne sont pas beaux, mais il ne faut pas les briser.

— Il faut une très-grande voiture.

— Je ne crois pas, mais peu importe. Combien me ferez-vous payer votre grande voiture ?

— Il fait bien chaud pour mes pauvres chevaux. De si beaux chevaux, et que je ne regarde pas au prix pour les acheter ni au foin pour les nourrir. Il y a beaucoup de montées d'ici à Nervi, et la route passe au pied de la montagne, en plein soleil ; vous me donnerez vingt livres argent de France.

— Amenez votre charrette et dépêchons.

Il se passa deux heures sans que j'entendisse parler de mon voiturier.

Ces deux heures écoulées, il se présente un autre homme qui me dit :

— Elle a besoin d'une voiture ?

— Non, j'en ai retenu une.

— C'est la mienne que vous avez retenue.

— Non, j'ai fait prix avec le propriétaire de la voiture et des chevaux.

— Lui, une voiture ! lui, des chevaux ! C'est mon domestique. Elle aurait dû le chasser à coups de pied. Mais je viens pour parler sérieusement avec elle.

— Mais je n'ai parlé que trop sérieusement, j'ai accordé le double de ce que des Génois m'ont conseillé de donner.

— *Vediamo la roba.*

J'ai déjà dit ce que c'est que la roba; la roba, cela veut dire cent choses diverses; dans le cas présent cela signifiait « toute la charge. » Nouvelles exclamations bien imméritées sur la beauté des meubles, sur leur pesanteur, sur leur nombre, sur la montagne qui précède Nervi, doléances passionnées sur le sort des chevaux, — ces pauvres chevaux qu'il aime tant, qui sont si beaux, qui lui coûtent si cher! — Il faut trente francs. Nous tombons d'accord à vingt-cinq. Alors il tire de sa poche une bourse de cuir et me donne cinq ou six pièces de monnaie. C'étaient les arrhes.

Il paraît qu'on a jugé nécessaire de prendre et non de donner quelques garanties contre les voituriers; lorsque vous retenez une voiture, charrette ou calèche, le conducteur vous donne des arrhes.

Le ciel se couvrait de nuages noirs; je le fis remarquer au Génois.

— C'est un orage, me dit-il.

— Et mes meubles seront mouillés?

— Non; on aura une tente sur la voiture.

Mon homme s'en alla et revint une heure après avec son domestique et trois facchini. On descendit mes meubles sous la porte.

— Et la voiture? demandai-je.

— Elle viendra tout à l'heure; il n'est pas permis de faire stationner inutilement une voiture dans la rue.

On alla chercher la voiture. Deux hommes amenèrent

une très-petite charrette avec une petite toile pour la couvrir.

— Si une ne suffit pas, on en mettra deux; si deux ne suffisent pas, on en mettra trois. Mais nous autres nous avons fini, nous allons dîner; si elle veut nous récompenser, nous prierons pour elle Dieu et saint Jean-Baptiste.

— Vous récompenser ! et de quoi ? nous sommes convenus d'un prix pour prendre mes meubles ici et me les rendre à Nervi.

— Cet argent-là, c'est pour le voiturier.

— Et qui êtes-vous ?

— Un pauvre facchino, comme ces quatre autres.

— Vous n'avez donc pas de voiture ?

— Une voiture ! plût à Dieu que j'eusse une voiture.

— Et des chevaux ?

— Ah ! si j'avais seulement un âne, je serais bien heureux !

— Mais que diable m'avez-vous conté pendant une heure ?

— Nous sommes de pauvres facchini, qui avons bien du mal à nourrir nos familles.

— Mais qu'avez-vous fait pour moi ?

— Nous lui avons trouvé une voiture et un voiturier,

pour lui faire plaisir, *per fare piacere,* mais nous avons ensuite descendu les meubles.

Puis ils parlèrent tous les cinq à la fois, le plus vite qu'il leur fût possible, et je ne compris plus rien.

Comme je l'ai raconté dans ma lettre à Victor Hugo, — je m'étais fait enseigner quelques jurons progressifs dont je rappellerai seulement ici l'ordre :

Vergogna, — per Bacco, — per Dio santo. Puis le couteau ou le bâton, suivant les personnes et les situations.

Je commençai par le second. — Per Bacco ! m'écriai-je en secouant par le bras l'ancien maître de si beaux chevaux métamorphosé en pauvre facchino.

— Per Bacco ! combien me demandez-vous ?

— Qu'elle nous donne à chacun cinq livres.

Il s'agissait d'ajouter vingt-cinq francs aux vingt-cinq francs déjà convenus ; il s'agissait surtout de subir une vexation agréablement mêlée de mystification. Il faisait chaud, j'avais eu depuis le matin vingt raisons de m'impatienter ; je pensai que je me trouvais dans un certain danger ; nous étions dans une assez grande cour, mes hommes prenaient un air très-menaçant. Je reculai deux pas, je pris dans ma poche une pièce de cinq francs, je la posai par terre, j'appuyai ma canne sur l'épaule gauche, et je passai au troisième juron, le quatrième étant tout prêt sur l'épaule gauche, comme je viens de le dire. *Per Dio santo,* dis-je, voici cinq francs ; emportez-les, et si vous n'êtes pas contents...

Le chef des facchini ramassa la pièce; tous les cinq devinrent souriants : Nous sommes très-contents, me dit le chef ; elle est très-généreuse ; que le ciel et saint Jean-Baptiste la conservent !

Je ne pense pas qu'ils aient eu très-peur de moi, malgré la colère qui commençait à m'emporter, mais ils n'avaient pas espéré autant : ils demandaient vingt-cinq francs sans doute pour obtenir trois francs après de longs débats, suivant en cela l'exemple des marchands, et j'ajouterai de quelques négociants.

Je me trouvai tout à coup seul dans la rue, avec une petite charrette sans cheval, un vieux paysan auquel appartenait la charrette, et mes meubles dans la cour. J'avais bien envie de m'en aller sans les meubles.

Le paysan mit deux heures à charger la charrette, puis il alla chercher « sa bête ; » le nom était bien trouvé : c'était quelque chose de non classé ; on eût dit un âne ambitieux qui avait essayé sans succès de devenir un mulet. Je m'aperçus alors que la charge était si haute qu'au moindre cahot tout serait renversé, et que néanmoins il restait une notable partie de mes meubles dans la cour. Il commençait à tomber quelques gouttes de pluie. Je fus obligé de prendre une autre voiture qui devait me porter personnellement à Nervi, et sur laquelle on amarra le reste des meubles.

Quand nous arrivâmes aux portes de la ville, je trouvai le voiturier, qui était parti d'avance, occupé à détacher la toile mise sur la charrette. Il pleuvait. Je lui demandai s'il était fou. Un homme me dit :

— Cette toile est à moi ; un facchino me l'a empruntée, et il m'a dit de la reprendre à la sortie de la ville.

— Mais il pleut !

— C'est précisément pour cela que je la prends ; s'il ne pleuvait pas, je n'en aurais pas besoin, et je vous l'aurais laissée jusqu'à Nervi.

Il fallut louer la toile.

Ce n'était rien. La voiture dans laquelle j'étais se trouvait surchargée et plus haute que les portes ; il fallut tout remettre à terre sous la pluie, puis recharger la voiture de l'autre côté des portes. Pour le charretier, il fouetta son cheval ; tout ce qui dépassait la porte fut brisé.

Nous arrivâmes à Nervi à la fin du jour. Trois hommes étaient montés sur ma voiture, et aidèrent à décharger les meubles dont la moitié étaient cassés. J'étais irrité ; je voulais garder les arrhes et diminuer le prix de la voiture, mais on m'expliqua que le charretier n'était pas coupable, que les facchini de Gênes lui avaient loué sa charrette dix francs, qu'ils s'étaient fait donner vingt francs par lui, que les vingt-cinq francs que j'avais à lui donner et les arrhes que j'avais à lui rendre ne feraient que lui restituer les vingt francs et lui payer les dix francs convenus...

Il n'avait été que maladroit, et encore il n'avait tant chargé la voiture que pour m'être agréable : seul, il lui aurait été impossible de la décharger et de la recharger aux portes de la ville.

Je me promis bien que c'était le dernier mauvais tour que me joueraient désormais les meubles, et je me rappelai avec admiration le trait de Diogène qui jeta son écuelle de bois en voyant un enfant boire dans le creux de sa main, trait qu'ont essayé de nous faire paraître ridicule de pauvres diables de professeurs, auxquels la conquête et la propriété d'un vieux chapeau coûte tant d'ennuis, de privations et de travail.

C'est une singulière manie que la manie d'avoir. Mon frère et moi, nous vous devons une grande reconnaissance pour nous avoir élevés autant que possible à la campagne. Je me rappelle toujours un bois qui s'étendait sur une colline dans notre voisinage. Le propriétaire de ce bois était vieux et podagre et demeurait à quelques lieues de là. Il n'y venait jamais. De temps en temps il recevait le prix de quelques cordes de bois, mais il payait des impôts, mais il payait un garde qui vendait à son propre bénéfice passablement de bois et de gibier.

Eugène et moi nous y récoltions le muguet au mois de mai, les fraises au mois de juin ; des nids d'oiseaux au haut des arbres, des lézards dans l'herbe, des papillons sur les bruyères. A l'automne commençaient les vendanges des mûres de ronce dans les haies. Nous y écoutions les fauvettes le jour et les rossignols la nuit. Les chênes nous y formaient une belle tente verte contre l'ardeur du soleil. Le propriétaire n'avait rien de tout cela, mais une vingtaine de procès à soutenir contre ceux qui coupaient ses bois ou qui tiraient sur son gibier ; plus d'autres procès contre un parent qui lui disputait la propriété du bois, — contre des voisins dont ses lapins avaient mangé la récolte, contre d'autres voisins dont les chèvres avaient dévoré ses taillis. D'autres procès avec la commune pour un prétendu droit de vaine pâture, puis pour les limites.

Nous avons toujours pensé avoir beaucoup plus joui de ce bois que celui qui en était propriétaire.

On a commencé à avoir quelques meubles utiles, des lits, des tables, des siéges, des armoires, puis on en a imaginé d'autres pour avoir l'air riche. J'excuserai un peu la manie que j'ai eue autrefois, d'abord parce que c'était ma manie à moi et ensuite parce que, en aimant les meubles, j'aimais l'art, les belles formes, la sculpture, etc. Mais combien de pauvres petits bourgeois bourrent d'épines leur oreiller pour que cet oreiller soit sur un lit d'une mauvaise forme et d'un affreux bois d'acajou où ils ne dormiront pas, parce que ce lit n'est pas encore tout à fait payé ; parce qu'avec un lit d'acajou il faut d'autres meubles en acajou, parce qu'il faut sur la cheminée une glace dans laquelle on ne peut pas se voir à cause de sa position, mais qui est ordonnée par usage ; parce que, pour mettre de si beaux meubles, il faut un logement trop cher.

Je sais tel petit employé qui part le matin et ne rentre que le soir pour se coucher, et qui a le bon esprit le dimanche d'aller avec sa femme et ses petits à quelque campagne voisine.

Eh bien ! pendant quinze ans, ce ménage s'est imposé les plus rudes privations pour acheter un *mobilier* en acajou soigneusement tenu sous housses dans un salon où ils ne se permettent d'entrer que pour brosser et épousseter.

Ils en jouiraient davantage s'ils les avaient laissés chez le marchand et s'ils étaient allés les regarder de temps en temps à travers les vitres de la boutique.

Dieu vous garde des déménagements, comme je saurai me préserver des meubles !

Agréez mon profond respect.

XI

A ALPHONSE DARNE

Je n'ai guère vu de rue à Gênes où il n'y eût au moins un magasin de lits en fer. Cela m'étonne presque autant que les nombreux fabricants de pianos qu'il y a à Paris. Je comprends qu'il y ait beaucoup de marchands des choses qui se mangent, des choses qui se brûlent, des choses qui se cassent; — les boulangers, les marchands de bois, les épiciers, les marchands de porcelaines peuvent être aussi multipliés qu'ils le voudront sans exciter ma surprise.

Mais des marchands de lits de fer et des marchands de pianos! Quand on a dans une maison autant de lits que d'habitants, — quand on a un piano par famille, — il se passe beaucoup de temps avant qu'on ait cassé le piano d'une manière irremédiable, quelques progrès qu'ait faits la musique; — avant qu'on ait usé les lits à force de dormir dedans.

J'ai vu cependant, en ce genre, un homme qui, ne pouvant plus lire avec ses lunettes, parce que sa vue avait encore baissé, éprouvait le besoin de verres plus forts, croyant de bonne foi avoir usé ses lunettes à force de lire.

Il vient nécessairement un moment où une ville a assez de lits et assez de pianos.

Les lits génois sont illustrés comme les maisons. Les grands lits, dits lits à deux places, présentent invariablement dans un médaillon, au-dessus de l'oreiller, deux colombes qui se becquettent.

Les lits à une place, dans un médaillon semblable, n'ont qu'un bouquet de pavots.

Hélas ! ces pavots ont souvent tort contre les moustiques, cousins, etc., qui pendant l'été mangent les étrangers de préférence aux naturels du pays.

Le cousin est le plus féroce des animaux connus, et celui que la nature a le plus cruellement armé.

Voyez-le cramponné à votre peau ! D'un étui, qu'il porte à la tête comme une trousse de chirurgien ou un arsenal de bourreau, il tire et allonge cinq ou six armes coupantes, piquantes, sciantes, déchirantes, dentelées, barbelées, qu'il enfonce dans votre chair quand elle est convenablement sacrifiée ; de chacune de ces lames, qui sont toutes creuses, il aspire et boit votre sang, autant qu'en peuvent contenir ses intestins, qu'il a soin de débarrasser à mesure de tout ce qui pourrait y tenir de la place et y causer de l'encombrement, et ces intestins sont élastiques, car le cousin repu a trois fois le volume qu'il avait à jeun. Ce sang l'enivre, il reste sur la blessure engourdi, ou s'éloigne un peu de sa victime et va cuver son sang dans quelque coin, comme Polyphème digérant les compagnons d'Ulysse ; c'est ainsi, à ce moment, qu'on peut le prendre et le tuer.

Tout cet appareil meurtrier, dans lequel on retrouve la plupart des armes qu'a inventées successivement la méchanceté humaine, ne se distingue bien qu'avec une forte loupe.

La Providence a voulu nous montrer ce qu'elle aurait pu faire. Si les cousins étaient de la grosseur d'un pigeon, ils mangeraient ou plutôt boiraient l'espèce humaine dans l'espace d'un été. Et cependant, tout petits qu'ils sont, avec leurs armes empoisonnées comme les flèches des sauvages, ils font de douloureuses piqûres suivies d'irritation et de petites tumeurs.

Ce qui est pis peut-être que la douleur de la blessure, pis que le visage ridiculement jaspé qu'ils se plaisent à vous faire, c'est la fanfare guerrière qu'ils vous bourdonnent aux oreilles, fanfare stridente, dont le son est d'un volume qui semble ne pouvoir être contenu par un si petit corps. Est-ce à la nourriture essentiellement tonique que lui fournit notre sang qu'il faut attribuer la force de cet organe ? Les chanteurs sont carnivores par système, et l'on a parlé dans le temps de la consommation de veau froid que faisait madame Dorus, une des voix les plus puissamment pointues qu'il nous ait été donné d'entendre de notre temps.

Il n'est personne qui, sachant bien ce que c'est que les cousins, n'acceptât le marché que voici pour la nuit :

Je dois recevoir dix piqûres de cousin, — mais à des intervalles inégaux ; je serai tenu réveillé par la trompette de mes ennemis invisibles. Eh bien ! je consens à recevoir trente piqûres avant de m'endormir, à condition que je n'entendrai pas le chant de guerre de l'ennemi.

On a pris quelques précautions contre ce supplice : les lits sont entourés, bastionnés d'une cage de tulle ou de canevas; — mais bien souvent ces fortifications ne servent qu'à vous enfermer avec votre bourreau.

On m'a cependant indiqué un moyen de devenir pour les cousins un objet de répugnance, de dégoût et d'horreur : — il suffit de s'oindre le visage et les mains de jus de citron; — vous êtes ensuite dans une chambre pleine de cousins, comme Daniel dans la fosse aux lions; vous entendez leurs rugissements, vous les sentez se poser sur votre front, mais ils ne vous entament pas. On est longtemps à acquérir la conscience de son invulnérabilité, et la peur accroît beaucoup le danger. D'ailleurs, il peut vous arriver pour vous-même ce qui arriva à Thétys pour son fils Achille, qui resta vulnérable au talon par lequel elle le tenait en le trempant dans le Styx; vous pouvez vous enduire inégalement ou vous essuyer en dormant par un mouvement involontaire.

Une nuit que les cousins avaient traité mon nez comme Pâris traita le talon d'Achille, je me réveillai plus matin que de coutume : il ne faisait pas tout à fait jour; un spectacle étrange s'offrit à mes regards; je crus que mon réveil était un songe, que je rêvais que j'étais réveillé, et je me frottai les yeux à plusieurs reprises; mais il me fallut renoncer à l'idée de rêve; alors je crus à une hallucination; puis, m'étant soumis à un examen sévère, je fus forcé de me reconnaître sain de corps et d'esprit, du moins pour la partie qui restait de moi.

Il y avait près de mes fenêtres un grand quinconce d'arbres touffus — sous lesquels je m'étais promené la veille. — Tous ces arbres étaient couverts de femmes. — Il y avait des femmes, je ne dirai pas autant que de feuilles, car les feuilles disparaissaient à chaque instant. — Ces femmes, me demandai-je, sont-elles une variété de la terrible et vorace sauterelle d'Égypte qui s'abat sur les ombrages et les dévore ? — Est-ce une nouvelle espèce de hannetons?

On a vu, du moins dans les temps anciens, des femmes changées en arbres; mais je ne me rappelle pas d'arbres changés en femmes.

Et sous ces ombrages de femmes, — Gatayes risquerait galamment le mot de charmilles, — on entendait jaser, caqueter. De cela il y avait un précédent ; l'histoire de la *pomme qui chante* me revint en la mémoire.

— Après tout, me dis-je, cela fera toujours de l'ombre; et je descendis mon escalier pour aller me promener sous ces feuillées de couleurs variées. — Sont-ce des fleurs? Sont-ce des feuilles? Sont-ce des fruits? Sont-ils mûrs?

Mais quand j'approchai, les arbres étaient dépouillés, jaunis; un vent d'hiver ne déshabille pas aussi lestement une forêt. Il n'y avait plus ni feuilles ni femmes; les arbres étendaient tristement leurs grands bras nus.

Je pris des informations.

Ces arbres étaient des mûriers, et les femmes les avaient dépouillés de leurs feuilles pour nourrir les vers à soie. Pauvres arbres déshabillés pour habiller nos élégantes ! Est-ce ainsi qu'il faut entendre Ève vêtue d'une feuille ? C'est en réalité, mais indirectement, de feuilles de mûrier que sont vêtues les femmes qui traînent des robes de soie sur l'asphalte des boulevards. Ces femmes, dans les arbres, faisaient la récolte des robes, cueillaient des robes comme on voit semer des chemises le paysan qui confie à la terre la graine de lin et la graine de chanvre.

A propos de chanvre.

Quand vient le moment de semer le chanvre, — les enfants de chœur des églises parcourent les jardins et les campagnes en distribuant aux paysans des croix en roseau bénites. J'ai quelques raisons de croire qu'ils acceptent le remboursement de leurs avances et même quelque chose au delà. Presque tous les jardiniers prennent de ces croix autant qu'ils ont ensemencé de tables de *cannebé* (chanvre, *cannabis*). On appelle table à Gênes, à Nice, etc., ce qu'en France on appelle planche ; puis, l'on plante la croix au milieu de chaque table.

J'aurais compris à la rigueur et à un certain point de vue, qu'au *renouveau* on plantât une croix au milieu du jardin ; je ne compris pas pourquoi c'était le chanvre seul qui recevait cet hommage.

J'aurais compris encore, toujours à la rigueur et toujours à un certain point de vue, que, ne voulant pas trop demander à la Providence, et lui faisant sa part, on mît sous sa protection une des cultures seulement en lui disant : « Providence, vous ferez du reste ce que vous voudrez; nous nous en rapportons à votre générosité. » Mais alors ce serait sans aucun doute le blé que l'on sauverait, ou le maïs, ou la pomme de terre, — la denrée indispensable.

Je demandai alors si le *cannebé* était d'un bon produit. On me répondit que non, que cela se vendait fort peu et demandait beaucoup d'engrais, beaucoup de soin, et qu'il fallait en outre le porter à *rouir* au loin dans des mares creusées exprès, car on sait que le chanvre pourrissant dans l'eau, comme il est nécessaire avant qu'il soit propre à être divisé, peigné, etc., exhale des miasmes délétères et empoisonne tellement l'eau qu'aucun poisson n'y peut vivre à une assez grande distance, et que la sollicitude de la police ne permet pas de pratiquer ces opérations dans le voisinage des maisons habitées. Je n'ai pu avoir aucune solution à cet égard. Ce n'est pas non plus pour prier Dieu d'empêcher les petits oiseaux de manger le grain du chanvre, pour trois raisons :

La première, c'est que de vieux habits de garde national au haut d'un bâton pouvant remplir cet office aussi bien que le Maître suprême, on ne peut le faire descendre à ce soin.

La seconde, c'est que les Génois, comme les Niçois,

ment soigneusement et mangent avidement les pinsons, les fauvettes et les rossignols. — O Italie! une des deux patries de la musique, — tu méritais ce qui t'arrive aujourd'hui, d'entendre la musique de la nouvelle école, et de l'entendre avec plaisir, et de la préférer à celle de Rossini.

La troisième raison, — je n'ai pas commencé par elle parce que je n'aurais eu aucune raison de donner les deux premières, — c'est qu'on arrache le chanvre longtemps avant qu'il ne soit en graines.

Il m'a donc été impossible, — quoique j'aie fait tout l'été sept ou huit fois par jour vingt pas entre de hautes cultures de chanvre et que je me sois chaque fois posé cette question, — il m'a été impossible de trouver la véritable raison de cette croix bénite plantée dans les *cannebières* exclusivement.

A moins que ce ne soit pour prier Dieu de préserver ceux qui sèment le chanvre d'être pendus avec la corde qui en sera faite.

Dans une lettre précédente, j'ai parlé des maisons de Gênes et de Nervi. J'ai dit comment on les peint. Voici comment on les bâtit. Au moment où l'on y pense le moins, une explosion déchire l'air et fait trembler les vitres. — Comme on n'en est pas encore arrivé à tuer les rossignols à coups de canon, on ne peut croire ce bruit terrible produit par un chasseur.

C'est quelqu'un qui bâtit.

La mer est encaissée dans des rochers noirs veinés de marbre gris et blanc, quelquefois par des rochers tout de marbre. On pratique une mine dans les rochers ; on fait sauter des fragments que des hommes portent un à un sur leur nuque, ce qui compense l'économie de la pierre ou du moins la rend indispensable. A quelque bas prix que revienne la journée de l'ouvrier, une journée représente si peu de besogne faite, que les travaux de bâtisse sont assez dispendieux, surtout lorsque la maison que l'on construit se trouve, comme il arrive le plus souvent, située à moitié de la montagne, et que chaque pierre y a été portée par un homme du bord de la mer.

Ces pierres ne se taillent pas, quelque incorrecte que soit leur forme. C'est au maçon à en trouver qui s'emboîtent à peu près, puis à remplir les intervalles par de plus petites.

Quand il se bâtit trois ou quatre maisons à la fois, c'est un bruit formidable et incessant d'artillerie; il semble qu'il se livre sur un plateau quelque terrible bataille où des milliers d'hommes répandent leur sang et laissent leurs cadavres pour réparer, en engraissant les sillons, le mal qu'ils font aux moissons dévastées.

Mais quels sont ces cris joyeux ? Qu'est-ce que ces enfants bizarrement vêtus qui jouent et courent dans la rue, et ces hommes habillés comme eux en chie-en-lit qui jasent devant un cabaret?

Leur costume se compose d'une chemise blanche à

divers degrés, mise par-dessus le pantalon comme une blouse, puis d'un mouchoir blanc noué sur la tête.

Les femmes et les filles se mettent sur leurs portes. Que se passe-t-il? Est-ce qu'il y a un carnaval au mois de septembre? On cause, on rit, les enfants jouent; mais à un signal, les masques entrent tous dans un jardin; puis, au bout de quelques minutes, ils reparaissent suivis de quelques prêtres qui portent des parasols. Les masques ont cette fois des cierges allumés et psalmodient. Les masques enfants qui marchent en tête du cortége jouent et se poussent en riant; les autres enfants se poursuivent et traversent la cérémonie. Les masques adultes sourient en passant à leurs connaissances et leur jettent des mots plaisants.

Mais que portent ceux-ci?

Un cercueil.

Ce que je viens de voir est un enterrement. C'est ce que j'ai vu de plus gai à Nervi et dans tous les environs de Gênes. Les jours de fêtes et de festins, les filles en parure, — c'est-à-dire leurs beaux cheveux trop pommadés et ornés de fleurs de la saison, — se tiennent d'un côté des rues et les garçons de l'autre côté. Les filles jasent entre elles, et il est de bon air de feindre de ne pas faire attention aux garçons. Les garçons fument, ricanent et ne s'approchent pas des filles.

Je pense cependant que tout ne se passe pas ainsi dans des circonstances que je n'ai pas vues.

Quand un garçon veut se déclarer, il donne à une fille

un anneau et un fichu de soie, — l'annello et le fazoletto. — Si la fille les accepte, elle est engagée, elle est fiancée; s'il arrive entre ces sortes d'accordailles et le mariage quelque incident qui amène une rupture, la fille rend l'annello et le fazoletto.

Il y a quelque temps, un jeune marin, Lorenzo, est pris pour le service. Il offre à une de mes jeunes voisines, Magdalena, l'annello et le fazoletto devant ses parents. On échange les promesses qu'on échange chez nous, qu'on échange partout en semblable circonstance. Le marin part.

Au bout d'un an, il revient; mais les serments d'amour ont été oubliés. Un autre plus heureux, du moins il le croit, l'a remplacé dans le cœur de Magdalena; mais en vain il lui a offert l'annello et le fazoletto. Elle ne peut les accepter tant qu'elle n'a pas rendu ceux qu'elle a reçus de Lorenzo. Celui-ci, qui ignore tout, se présente chez les parents de celle qu'il croit toujours sa fiancée; elle le reçoit sur le seuil; d'une main elle se cache le visage, de l'autre elle lui tend l'anneau et le fichu de soie.

Lorenzo a compris, il se retire.

Tu t'attends peut-être à un dénoûment tragique? Lorenzo assassine son rival, ou étrangle son ingrate maîtresse avec le fazoletto, ou se précipite à la mer du haut des rochers?

Nullement; les Génois sont marchands; Lorenzo envoie à Magdalena un signor avvocato qui explique que Lorenzo n'a que faire d'un anneau dont il n'a pas présenté ment l'emploi, d'un fichu de soie qui a orné les épaules de Magdalena pendant plusieurs dimanches, fêtes et demi-fêtes. Ce qu'il faut qu'on lui rende, c'est l'argent qu'il a donné pour les acheter. — On fait une transaction; Lorenzo reprend l'annello et le fazoletto, mais son rival les lui achète au prix coûtant, et l'un et l'autre reviennent à la belle et inconstante Magdalena.

Je parlais des fêtes et des demi-fêtes; si elles ne sont pas gaies autour de Gênes, elles sont fréquentes. Je n'ai pas vu une semaine qui, outre le dimanche, n'apportât ou une fête ou une demi-fête. Les demi-fêtes sont marquées sur les almanachs génois; le plaisir de ces fêtes consiste en cela qu'on ne travaille pas.

Cependant deux ou trois fois j'ai vu de loin de grandes illuminations à Rapallo, au bord de la mer, et dans quelques bourgades de la montagne.

Les Génois ne mangent pas; il paraît qu'ils n'ont jamais mangé. Dans un livre imprimé il y a cent ans, un magistrat, le président Desbrosses, s'en plaint avec amertume et en connaisseur; il donne à un de ses amis la description suivante d'une fricassée de poulet :

« On dresse un grand plat de soupe à l'oignon, dans laquelle on jette ensuite une sauce blanche; là-dessus on dispose quatre poulets bouillis un peu moins gros que des pigeons; on verse une demi-bouteille de fleur d'oranger et on sert chaud. »

J'ai expliqué ce que c'est que la *minestra*. C'est, avec les pâtes, la nourriture presque exclusive des riches comme des pauvres. On ne voit jamais les Génois manger ; ils se cachent, soit qu'ils trouvent ce besoin honteux, soit qu'ils trouvent honteuse la manière dont ils le satisfont.

Je dirai cependant que mon excellent ami Merello, qui aurait été enchanté si je l'avais laissé me nourrir, m'a mené plusieurs fois dans un petit cabaret souterrain, le seul endroit de Gênes où on mange passablement. Je vais lui écrire et lui demander un itinéraire exact pour trouver ce cabaret dans le dédale des rues de Gênes. C'est un service réel à rendre aux voyageurs.

J'ai regretté que divers obstacles m'aient empêché de me rendre aux très-cordiales invitations que m'a faites un camarade du collége Bourbon, l'avvocato Bruzzo, — te le rappelles-tu ? — que j'ai retrouvé à Gênes, son pays, et qui m'a fait un excellent accueil ; mais la cuisine de Bruzzo n'aurait rien prouvé, il a été élevé en France.

Je terminerai cette lettre par un conseil à l'égard des cousins, moustiques, etc.

Quand on a soin de demeurer dans une maison où il y a suffisamment de femmes et d'enfants, les cousins, les moustiques, qui se connaissent en chair, préfèrent de beaucoup les peaux tendres, fines, veloutées, soyeuses, aux peaux rudes, tannées, barbues, des simples hommes.

Quelquefois ils vous goûtent, mais du bout de la trompe, et ils retournent bien vite à une nourriture préférée.

Tout à toi,

ALPHONSE KARR.

XII

A GUSTAVE PATRAS

Te souvient-il, mon cher Gustave, de mon logement de la rue Vivienne, où je te donnai l'hospitalité pendant quelque temps? Nous avions là deux chambres et un atelier au sommet de la plus haute maison de Paris. Quoique le portier eût ordre du propriétaire de désigner mon logis comme étant au septième étage, dans l'intérêt de ma considération, en supputant le nombre des carrés et calculant le nombre des marches, nous avions trouvé pour total quatorze étages. Ce logement était situé sur une large terrasse qui couvrait la maison, et sur laquelle j'avais établi des jardins qui, du moins par la position, rappelaient ceux de Babylone. Ce séjour avait ajouté beaucoup d'énergie à nos jarrets et nous avait donné quelque chose de l'âpre et rude vertu que l'on prête aux montagnards, et aussi cet amour de la liberté que l'on respire près du ciel. Tu faisais de la peinture comme moi de la poésie, et les muses, qui aiment les cimes, n'avaient qu'un pas à faire pour venir nous visiter.

Nous étions alors l'un et l'autre fort peu voyageurs; il nous arrivait parfois d'être plusieurs jours sans descendre dans la vallée, et plus d'une fois nous essayâmes, mais, hélas ! sans succès, de vivre de notre chasse en tuant des moineaux, pour rendre moins fréquentes nos relations avec la plaine. Dieu sait que de prétextes ingénieux nous trouvions pour rester le soir chez nous, sur les terrasses, à fumer et à jaser !

Eh bien, me voici à trois cents lieues de la rue Vivienne ; — toi, tu étais récemment chez les Valaques, que nous appelions les Daces au collége. Je veux aujourd'hui te raconter une de mes promenades, comme autrefois le soir celui de nous qui s'était aventuré dans les parages du boulevard des Italiens, une fois rentré sur la montagne, charmait la veillée par le récit des choses extraordinaires qu'il avait vues, des dangers qu'il avait courus et des mœurs qu'il avait observées.

Je partis un jour de Gênes pour la Spezzia.

Je traversai Nervi, puis Recco, bourgade de pêcheurs dont l'église possède un très-estimé tableau de Valerio Castelli. A dire vrai, je n'ai pas regardé le tableau. Il y a là, au bord de la mer, de grands pins aux cimes en parasols. Le feuillage de l'année précédente est d'un vert sombre au-dessus duquel le feuillage nouveau, d'un vert jeune et gai, donne de loin à ces arbres les reflets chatoyants du velours. La plupart se penchent et s'étendent presque horizontalement sur la mer, qu'ils semblent, par l'opposition des couleurs, rendre d'un bleu plus franc et plus intense. Quelques aloès aux feuilles aiguës, quelques lauriers-roses se détachaient aussi sur ce fond d'un bleu presque violet à l'horizon du bleu lapis des pervenches à l'ombre, du bleu des saphirs au soleil, du bleu opaque des turquoises, là où le sable remué par la mer trouble légèrement ses eaux.

Quelques barques de pêcheurs glissaient sous leurs blanches voiles latines, qui ont la forme des ailes du cygne entr'ouvertes à la brise.

Il ne me vint ni à l'esprit ni au cœur d'entrer dans l'église où est le tableau de Castelli.

Regarder des tableaux, quand on peut voir la nature elle-même, me semble être aussi fou que l'était ce poëte qui quittait sa maîtresse pour aller lui écrire, — Pétrarque, qui ne voulut pas, dit-on, épouser Laure devenue libre, pour ne pas discontinuer les plaintes harmonieuses d'un amour malheureux.

D'autre part, je sens bien mieux la présence de Dieu sous le soleil, qui est son regard, devant les sublimes magnificences de la nature, qui sont son ouvrage, que dans une église, ouvrage des hommes, où il y a toujours un peu de mauvais goût et de mesquinerie.

D'ailleurs, je dois l'avouer, je sens médiocrement la peinture, et j'ai pour elle une admiration tempérée.

J'aime passionnément la musique, et je n'aime que très-peu de musiciens. En général, ils sont inférieurs à leur art et même à leur talent, dont souvent ils ont la vanité sans en avoir la conscience. J'aime au contraire beaucoup les peintres et je n'aime pas beaucoup la peinture. Ils ont l'habitude de contempler et d'admirer les mêmes choses que moi. J'ai beaucoup vécu avec les peintres, et ils m'ont appris à voir des choses que je ne faisais que sentir.

Je n'ai pas non plus cherché à deviner si le Christ entre les deux larrons de l'église de Ruta est oui ou non de Van Dyck. — De Ruta, on a un si beau panorama de Gênes et de son golfe !

Je traversai ensuite Rapallo, que j'ai confondu avec Recco dans ma lettre à Alphonse Darne. De Nervi, on ne voit pas du tout Rapallo, mais bien Recco, qui paraît assis au pied de Porto-Fino.

Rapallo est suspendu sur les flancs escarpés de la montagne ; dans une des anfractuosités s'élève le temple de Notre-Dame de Monte Allegro.

Au commencement de juillet, pendant trois jours et trois nuits, on célèbre la fête de la madone, et de grands feux allumés sur tous les points de la montagne font une gigantesque illumination.

Chiavari est une ville dont la population entière fait des chaises sans jamais s'arrêter ; sans jamais s'arrêter non plus, des voitures traînées par des mulets transportent à Gênes, d'où elles vont dans le monde entier, ces chaises très-légères et très-jolies. Toute voiture qui traverse Chiavari emporte quelques chaises; le piéton lui-même en emporte une ou deux sur sa tête ; c'est un flot incessant de chaises coulant de Chiavari à Gênes.

A cette spécialité, Chiavari en joint une autre qui explique que c'est la ville où se fait le plus de chaises et celle en même temps où on s'assied le moins. De toute la rivière de Gênes, — di levante e di ponente, — Chiavari est le lieu où il y a le plus de moustiques. Ces expressions, qui reviennent souvent dans la conversation et dans les livres : « *rivière de Gênes*, rivière du ponent et rivière du levant, » m'avaient fort abusé, et ont dû en abuser bien d'autres. Il n'y a pas de rivières, mais bien des torrents assez nombreux, parfaitement secs tout l'été, et dans la saison des pluies roulant autant de pierres que d'eau. Rivière est simplement un mot mal traduit : cela veut dire « rivage de Gênes, » rivage du levant, rivage du couchant, c'est-à-dire tout le pays bordant les golfes et la mer avant et après Gênes. C'est un contre-sens semblable à celui qui a fait appeler le *Festin de Pierre*, par Molière d'abord, et ensuite par Thomas Corneille, ce qui, dans l'original espagnol, est intitulé le *Convive de Pierre*, titre parfaitement expliqué par la statue du Commandeur, tandis que « le festin de Pierre » n'a aucun sens.

C'est pendant la nuit, à une certaine distance de la mer, que je traversai une forêt de châtaigniers qui doit attenir à *Sestri di levante*. On dit qu'il y a à Sestri di levante un tombeau curieux et peut-être aussi quelques tableaux. Mais quelle belle nuit! quel beau clair de lune! et quels grands bras étendent les châtaigniers ! et quelle excellente eau sort d'une source fraîche dans la forêt, sur le bord de la route !

La Spezzia est une petite ville assise au fond d'un grand golfe, formé de neuf anses plus ou moins profondes, dont chacune a son hameau ou sa bourgade. Derrière la ville s'élèvent au loin des collines couvertes d'oliviers et de châtaigniers. Sur la gauche s'étend un bois où je retrouvai avec plaisir les arbres de France, — les arbres sous lesquels j'avais joué étant enfant, souffert et aimé étant homme, — les aunes, les bouleaux, les chênes, les tilleuls, etc.

J'arrivai à la fin du jour. J'allai d'abord voir le golfe; je montai dans une embarcation qui me promena sur les eaux les plus transparentes que j'eusse jamais vues. Une légère brise les ridait, le soleil, qui se couchait au large dans la mer, se servait habilement de ces rides de l'eau pour faire une de ces belles harmonies qui signalent son adieu de tous les jours.

Ses derniers rayons obliques teignaient d'un feu orangé la partie élevée des rides, tandis que la partie creuse restait d'un beau bleu. Puis, le feu orangé devint pourpre, puis tout s'éteignit, et je rentrai. J'avais retenu le batelier pour les quelques jours que je devais passer à la Spezzia. C'était un jeune gaillard coquettement vêtu de blanc, avec une large ceinture rouge et des souliers rouges, du moins ce soir-là, car le lendemain il avait remplacé les souliers et la ceinture rouges par des souliers et une ceinture bleus.

A Paris, le choix de ces couleurs n'est pas indifférent;

les mariniers de la Seine sont divisés en deux camps qui se retrouvent les jours de joute sur l'eau.

Te rappelles-tu le vieux Fabre de l'école de natation du pont Royal ? Il ne quittait jamais sa ceinture rouge. Comme l'*ablette*, le maître nageur de l'école Deligny conservait sa ceinture bleue.

Mais Giuseppe entendait les choses autrement. Il me demanda lequel je préférais de ces trois costumes, car il avait aussi en réserve une ceinture et des souliers verts. J'optai pour le rouge, qui est toujours d'un bel effet à la mer. La veille, un petit pavillon sarde flottait à l'arrière du canot, mais il avait été remplacé par un pavillon tricolore français. Giuseppe me dit qu'il avait des pavillons de toutes les nations et qu'il arborait celui de la nation au service de laquelle il se trouvait momentanément engagé. — «Si elle reste seulement huit jours, me dit-il, et si *elle* veut se passer de l'embarcation pendant une demi-journée, je peindrai le bateau entier aux couleurs de France.» (*Elle*, c'est toujours ma seigneurerie.) Trois jours auparavant, il naviguait sous pavillon anglais. Je remerciai Giuseppe, et je tâchai de lui faire comprendre que, voyageur, je préférais voir les pays que je visite sous leur véritable aspect, et que je le priais de rendre à son bateau le pavillon piémontais.

En me promenant par les rues, je vis un grand nombre de vieilles femmes, coiffées de leurs cheveux blancs, se promener en filant une filasse moins blanche que leurs cheveux, avec lesquels elle se confondait tellement qu'il semblait voir des fées filant leur propre chevelure sans cesse renaissante.

J'écrivis le soir sur mon calepin : « A la Spezzia, les jeunes femmes ont de singulières coiffures ; les unes portent sur la tête, et c'est le plus grand nombre, de larges carrés de marbre noir ; d'autres de petits fagots ; quelques-unes des chapeaux de cuivre qui reluisent au soleil. Je n'en ai pas vu une qui n'eût une de ces trois coiffures. »

Mais le lendemain, je fus obligé de rectifier mon observation. Les femmes de la Spezzia sont employées à transporter les fardeaux ; elles descendent de la montagne le bois que coupent les hommes ; elles vont au loin chercher de l'eau douce, et exploitent une carrière de marbre noir située sur de tels escarpements que les mulets mêmes n'y peuvent atteindre ; elles descendent tout ce marbre sur leur tête ; lorsque les pièces sont trop grosses, elles les portent à deux, s'appuyant l'une contre l'autre, comme des bœufs au joug.

La coiffure de ces pauvres femmes de somme ne se composait en réalité que de très-beaux cheveux et d'une branche de jasmin d'Espagne, que, du reste, les hommes portaient au chapeau. En général, les femmes sont fort belles dans ces pays, surtout les femmes du peuple et les paysannes ; je me demandai assez tristement si j'avais bien fait de passer toute ma jeunesse au milieu de cette population parisienne où il y a dans une femme plus de soie, de dentelles et de crin que de femme, pour venir ensuite à quarante-cinq ans jouer le rôle de Tantale découragé. Comme c'est une impression qui pourrait bien arriver à d'autres, je vais consigner ici les consolations que je jugeai à propos de m'offrir.

D'abord, me dis-je, si les femmes ne sont pas à Paris en général aussi belles qu'ici, il y en a de très-belles, de très-jolies, et surtout de très-charmantes. Comme on ne peut aimer toutes les femmes, il n'est pas nécessaire qu'elles soient toutes également belles. — Je dirai plus : on se trouve plus heureux de l'amour d'une belle femme, d'une femme plus belle que les autres, que de celui d'une femme belle comme toutes les autres que l'on rencontre dans la rue. Il y aurait ici un danger, que voici : chaque jour, en rentrant de la promenade, on aurait rencontré trente femmes aussi belles que celle que l'on a choisie, comme si ce n'était pas déjà bien assez dangereux pour la fidélité qu'elles soient d'autres femmes.

Cette consolation me touchant peu, j'en cherchai une autre.

Est-ce que l'amour qu'on éprouve n'embellit pas suffisamment la femme aimée ? Est-ce qu'il manque jamais quelque chose à sa beauté ?

Puis je passai à une troisième.

Ces belles filles savent-elles se servir de leur beauté comme les Françaises ? Ces grands yeux noirs s'illuminent-ils d'esprit et d'intelligence comme les yeux gris, bleus, bruns ou verts de chez nous ?

Ceux qui se trouveront dans le même cas que moi

n'ont qu'à se réciter les mêmes consolations, et ils verront bien si ça les console.

Pour moi, je finis par avoir des remords; et, me promenant le soir au bord de la mer sur laquelle la lune étendait de grands miroirs d'argent, je me mis à me rappeler quelques charmantes femmes dont la beauté avait donné de si belles fêtes à mes yeux et à mon cœur, et je leur demandai humblement pardon.

Tout à coup, d'un navire mouillé dans le golfe, je vis s'élancer deux fusées qui, après avoir décrit dans l'air une courbe lumineuse, vinrent s'éteindre dans l'eau. Au même instant, un petit bateau à vapeur entrait dans le golfe; il se fit un mouvement sur la plage. Le bateau accosta l'embarcadère, et des domestiques en livrée portant des torches éclairèrent le débarquement de la reine de Piémont, qui revenait d'une promenade. Le navire en rade fit entendre une fort jolie musique, et la reine se dirigea lentement vers son logis. C'est une grande et belle personne dont la démarche est fort noble; elle portait très-adroitement un grand châle bleu, qui formait de très-beaux plis dignes d'un manteau royal, avec lequel il n'était pas sans quelque ressemblance.

On m'avait beaucoup parlé d'une source sous-marine qui, dans le golfe de la Spezzia, à une distance de seize cents mètres, dit le *Guide Richard*, — de soixante-cinq pieds, dit M. Valery, — lance avec force, selon le *Guide Richard*, une gerbe d'eau douce, et, selon M. Valery, ne fait que bouillonner. Je vis quelques globules monter à la surface de l'eau salée. Il n'y a rien là d'extraordinaire, et je n'ai pas cru devoir prendre la peine de constater lequel de ces deux messieurs se trompe relativement à la distance de ce phénomène médiocre.

J'étais plus curieux de voir Porto-Venere, le port de Vénus ! Cela avait quelque chose de mythologique et de gracieux bien digne d'attirer l'attention. Je m'y fis donc conduire par Giuseppe.

Le premier aspect n'avait rien qui dérangeât le rêve. De jeunes garçons et des jeunes filles nageaient dans la mer et entourèrent le bateau de Guiseppe. Mais le second regard témoignait qu'ils étaient laids, maigres et maladifs, et ces tritons et ces néréides demandaient des sous.

J'abordai et entrai dans la seule rue parallèle à la mer, dont se compose Porto-Venere. — Jamais ville prise, incendiée, pillée, n'offrit un plus complet aspect de désolation et de misère. — Les maisons ne sont que des simulacres de maisons ; les habitants sont loin de suffire pour les remplir, et les propriétaires, ne trouvant pas de locataires, ont pris un parti héroïque : ils ont enlevé les toits et les planchers, et ils ont planté des arbres et des légumes entre les murailles de leurs immeubles.

Est-ce ainsi que Vénus favorise la terre et les hommes qui lui sont dévoués et se sont mis sous sa protection ? Je me rappelai je ne sais plus quels vers latins dont le sens est à peu près : *Quos nuda allicit non immerito nudos dimittit Venus.*

Ces gens déguenillés ont-ils fait comme Horace? Comparant à un naufrage les chagrins que lui cause l'amour de Pyrrha, il dit : J'ai suspendu mes vêtements mouillés au temple de Neptune,

> Me tabula sacet
> Votiva paries indicat uvida
> Suspendisse potenti
> Vestimenta maris deo.

Mais je ne vois ni les vêtements ni le temple. Porto-Venere semble un triste hôpital. Je jetai quelques sous aux tritons et aux néréides, et je me hâtai de prendre le large.

Le soir, on me dit qu'un homme était venu plusieurs fois à mon hôtel ; il avait reçu une lettre qui me concernait et il désirait me voir le plus tôt possible. Le lendemain au point du jour, il frappait à ma porte. Il avait reçu en effet de mon ami G… M…, de Gênes, la prière de me faire bon accueil et de se mettre à ma disposition. Il voulait me montrer quelque chose *de curieux*.

Quand je suis au bord de la mer, il m'est bien difficile de m'en éloigner. J'appris avec une sorte de chagrin que ce qu'il avait à me faire voir m'en écartait beaucoup ; je ne voulais cependant pas risquer de le chagriner en refusant ses bons offices, mais je m'efforçai d'en retarder la réalisation. Retarder un ennui, comme un bonheur, c'est le remettre en question, c'est en appeler au hasard. Je me souvins alors d'une histoire que j'ai lue je ne sais quand, je ne sais où ; j'ai oublié la date et les noms, mais peu importe.

Le frère d'un monarque ottoman est tenu en prison depuis l'avénement de son frère. Celui-ci, cependant, redoutant une sédition à la tête de laquelle on pourrait mettre le prisonnier, a résolu de s'en défaire ; il envoie dans sa prison des hommes chargés de l'étrangler. On le trouve jouant aux échecs avec un de ses officiers : on lui montre le cordon de soie ; il comprend. — « Voulez-vous, me dit-il, me permettre de finir cette partie ? Je me trompe fort, ou Mohammed sera mat en quatre coups. »

Le désir de terminer une partie d'échecs n'avait pas été prévu, et conséquemment il n'y avait pas d'ordre contraire ; on accorda donc au prince sa demande.

Quatre coups aux échecs ne se jouent pas en trois minutes, quand on est à la fin d'une partie, et lorsque les deux adversaires sont quelque peu habiles. A peine le troisième coup était joué qu'un grand tumulte se fait entendre. On accourt, on enfonce les portes de la prison, on s'empare du jeune prince, on lui dit qu'il est sultan, et que son barbare frère vient d'être tué.

Je pris donc le parti de temporiser ; je pouvais aussi être déclaré sultan. Il pouvait arriver à mon trop officieux cicerone un bonheur, un malheur, une occupation. Je lui demandai la permission d'aller prendre un bain à la mer ; mais après qu'il fut constaté qu'il ne lui arrivait rien et qu'on ne me nommait pas sultan, je me résignai.

Il me fit monter deux heures, en gravissant la montagne qui s'élève derrière la Spezzia. Je l'avais appelée colline en la regardant ; je l'appelle montagne, et même *mont*, depuis que je l'ai gravie. Il faisait un radieux soleil ; nous étions l'un et l'autre accablés de chaleur ; enfin il s'arrêta : nous étions à peu près sur la cime du mont.

— Nous sommes arrivés, me dit-il ; retournez-vous.
— Eh bien !
— Eh bien, vous ne voyez pas ?
— Quoi ?
— Eh bien ! la ville et le golfe.

Le bourreau m'amenait là pour me faire voir de loin la ville et le golfe qu'il m'avait fait quitter, et en bas de la montagne, il me fallut le remercier.

Je retournai à la mer. Giuseppe n'y était pas. Je pris son canot et traversai le golfe ; je m'y dirigeai vers de grands rochers creux qu'on voyait du port. Dans une grotte assez profonde dans laquelle la mer entrait sur un sable fin et blanc, une très-belle femme se baignait avec une sécurité entière. Je fis force de rames pour m'éloigner ; mais la position du rameur qui s'éloigne l'oblige à regarder ce qu'il quitte et même ce qu'il fuit. La belle eut peur, si peur qu'elle perdit la tête et sortit précipitamment de l'eau pour aller chercher sur le sable un grand manteau de laine blanche dont elle s'enveloppa, moins bien que ne l'enveloppaient les flots bleus. Je vis alors le bateau qui l'avait amenée et qui attendait son signal pour aller la reprendre. Le batelier se tenait respectueusement à une distance d'où il ne pouvait la voir, mais d'où il ne pouvait pas non plus la protéger.

Si ces lignes tombent sous les yeux de cette..... baigneuse, je n'ose dire de cette belle baigneuse, dans la crainte de l'offenser, je la prie de recevoir mes excuses de l'embarras que je lui ai causé, et l'explication que je donne de ma fuite à reculons. Je pensai au sort d'Actéon, qui fut changé en cerf pour avoir vu Diane au bain, aussi innocemment que j'y vis cette..... personne ; je m'abstiens toujours d'épithète, par discrétion. Peut-être est-ce du reste par punition préventive de ce crime involontaire que, comme le dit Actéon, j'ai été, il y a quelques années, mangé par mon chien Freyschütz, avec lequel tu étais fort lié.

Tout à toi,

ALPHONSE KARR.

P. S. Mon frère Eugène, ton ancien condisciple de Châlons, vient d'être décoré pour de très-grands services rendus à l'industrie métallurgique. Il s'agit d'une invention qui apporte d'énormes économies dans la fabrication du fer.

XIII

A JEANNE

Enfant, reste petite, et, par pitié pour moi,
Ne sors pas de cet âge où je puis tout pour toi.
Je voudrais t'enfermer dans ta joyeuse enfance,
Comme en ce jardin vert où nous vivons tous deux.
Là, je suis riche et fier, car là j'ai la puissance
D'accomplir tes souhaits les plus ambitieux.

De ce jardin fermé, je t'ai fait un empire
Où ta faiblesse règne, où rien ne peut te nuire,
Où tout à tes désirs se montre humble et soumis,
Où la porte ne s'ouvre, en vain souvent frappée,
Qu'aux pas bien reconnus de quelques vieux amis
T'apportant des bonbons ou bien une poupée.

Ce monde, ce jardin, cet empire, au midi,
Est borné par un mur, d'orangers tout garni ;
Au couchant, on ne voit qu'une vigne empourprée ;
Au nord, sous les pommiers, croissent les framboisiers
A la baie odorante, ou vermeille, ou dorée ;
Au levant, l'horizon est tout fait de rosiers.

De sorte que, pour toi, chère enfant, toute allée
Droite, facile, unie, en sable fin sablée,

Te conduit à des fruits ou te mène à des fleurs ;
Qu'au bout de tout chemin, au bout de toute chose,
Tu trouves, sans travail, mille petits bonheurs ;
Que l'horizon jamais n'est noir, mais vert et rose.

Tes pigeons au beau col, chatoyant au soleil,
Advolent à ta voix aussitôt ton réveil ;
Ton mouton, dans ta main, vient manger l'herbe fraîche ;
Le chien, l'effroi de tous, à œil vif et sanglant,
Si parfois tu le bats, rampe, gémit et lèche
Tes petits pieds, auxquels il se couche en tremblant.

En te voyant petite, on te chérit de l'être ;
On dit : « Merci ! » Quand tu grandis d'un centimètre,
L'on est reconnaissant de tes fraîches couleurs,
De ton rire éclatant. Jamais tu n'incommodes.
Ton geste, ton regard, ton sourire, tes pleurs,
Et surtout ton « Je veux » ici sont les cinq codes.
Personne n'y résiste ou ne les trouve obscurs.

Ici tout te chérit bien plus que tu ne l'aimes.
Les choses hors d'ici ne seront plus les mêmes.
Les chemins sont boueux, pleins de pierres ; les murs,
Au lieu des orangers et de leurs fruits si riches,
Des rosiers parfumés, et des bons raisins mûrs,
Ne sont plus diaprés que d'immondes affiches.

Ce n'est qu'à prix d'argent que l'on a des bouquets ;
Les chiens mordent parfois, et surtout les roquets.
Ces hommes si pressés, qui courent à la Bourse,
Ne sont plus des amis t'apportant des bonbons ;

Ils te renverseraient sans suspendre leur course,
Et les indifférents sont encore les bons.

Si tu tombes ici, tu tombes sur la mousse;
Dehors, sur les pavés on vous jette, on vous pousse,
Et j'ai peur du moment où tu t'échapperas
De cet âge ignorant, de cette vie heureuse,
Où je ne pourrai plus, si la rue est fangeuse,
Te soulever de terre et te prendre en mes bras.

Aussi, chaque matin, l'aurore m'effarouche.
Encore un peu de temps, les joujoux les plus beaux,
Les chariots de bois, le volant, les cerceaux,
La poupée aux yeux bleus bien plus grands que la bouche,
Les fleurs même, les fleurs, cette fête des yeux,
Et la danse, le soir, sous les chênes ombreux,
Lambris tout parsemés d'étoiles aux feux bleus,
N'auront plus rien, hélas! qui te plaise et te touche.

Que te dire? — « On est riche en n'ayant de désir
Que pour ce qui nous fait réellement plaisir.
Mais non, l'on a besoin de susciter l'envie,
D'étaler aux regards le velours du manteau
Doublé de serge. On fait voir l'endroit de sa vie
En en cachant l'envers, tissu rude à la peau. »

Encor : — Les vrais plaisirs sont ceux que la nature
Fait gratuitement pour toute créature...
Et cætera,... ta,... ta. — « Ces arguments vainqueurs,
J'ai des doutes sur eux, depuis que ta venue
A fait sourdre en mon cœur une source inconnue
D'espérance et d'effroi, de joie et de douleurs.

12.

Malgré mes beaux discours, mes longues patenôtres,
Sauras-tu dédaigner ce qui plaît tant aux autres?
Dans la maison de Dieu, quand, d'un modeste pas,
Les femmes vont damner les hommes, le dimanche,
D'aller deux fois de suite en même robe blanche,
Dis-moi, ma chère enfant, ne souffriras-tu pas?
Où sont mes arguments, si tu pleures tout bas?

Quand je t'aurai trompée, en te faisant accroire
Que le ciel étoilé sur son manteau lapis
Est plus riche qu'un dais de velours et de moire;
Qu'une pelouse en fleur est le plus beau tapis;
Qu'entendre les oiseaux sous les feuilles nouvelles,
Sous les thyrses fleuris du lilas parfumé,
Est plus doux que d'entendre à l'odeur des chandelles
Japer un piano nasillard, enrhumé;

Quand je t'aurai trompée en te faisant accroire
Que rien ne pare mieux ta chevelure noire
Que le frais bouton d'or ou le bleuet des champs,
Sans te parler jamais de saphirs, de topazes,
De perles, de rubis, — encore un peu de temps,
Et l'on t'enseignera ce que valent mes phrases;
Alors tu me diras : « C'est en vain que tu jases.

« Beethoven, Rossini, Weber, Grétry, Mozart,
Et Corneille et Molière, et Voltaire et Regnard
N'offrent qu'un vain plaisir qui vous trompe et vous frustre
Si l'on ne les écoute en loge, aux premiers rangs,
En robe à cinq volants, avec des diamants
Qui vous font ressembler, en très-petit, au lustre. »

Mais voici le printemps. Le beau soleil de mai
Fait chanter tendrement les pinsons et les merles
Au renouveau ! Voici le lilas parfumé
Et le muguet des bois aux odorantes perles.
Allons nous promener, les champs sentent si bon !

— « Arrêtez, diras-tu, cet élan vagabond.

« Le lilas ne sent bon et la brise n'est fraîche
Que quand on les respire assise, en sa calèche,
Dont les panneaux brillants, peints d'un vernis obscur,
Montrent sur un écu de sinople ou d'azur
Une couronne d'or de perles surmontée ;
Quand toute femme à pied vous suit d'un regard dur,
Plein d'envie et de haine, et demeure attristée.

« Sinon fi de la brise ! et nargue du lilas !
Si l'on porte des fleurs, ce ne seront pas celles
Que l'on cueille au jardin. Fi des fleurs naturelles !
Des fleurs du pauvre à trois ou quatre sous le tas !
A vingt francs le bouton de rose, la modiste
En fabrique en papier, en chiffons de batiste.
On peut encor porter quelques camélias,
Mais en prenant son temps..... quand il n'y en a pas.

« Les fruits..... Dame ! les fruits c'est un mets assez fade.
On en peut cependant, sans trop de déraison,
Grignoter quelques-uns... mais hors de leur saison.
La fraise, au mois de juin, est commune et maussade ;
Parlons de l'ananas, à l'odeur de pommade,
Qui vient de loin, est cher, mais fait qu'en en mangeant,
Comme le roi Midas, on mange de l'argent. »

Reste dans le jardin, reste dans ton enfance,
Hélas! je t'ai trompée, ô ma chère espérance!
Je ne suis ni puissant ni riche hors d'ici;
Le rêve va finir, à mon cruel souci.
L'existence n'est pas comme je te l'ai faite,
De soleil et de fleurs une éternelle fête.

C'est que si longtemps seul, je m'étais contenté
De l'amour, du soleil et de la liberté!
A moitié par dédain, à moitié par paresse,
Je me suis abstenu de chercher la richesse,
Je vivais au hasard, et de ma pauvreté
Je ne sentais au cœur ni honte ni fierté.

De là tous mes remords et ma douleur profonde,
Pauvre petite enfant, de t'avoir mise au monde,
A même cette vie, en ces rudes chemins,
Où tu suivras mes pas et mes traces saignantes,
Où j'ai laissé partout aux épines brûlantes
Les lambeaux de mes pieds et la peau de mes mains.

Il est clair que j'ai tort, que ma fausse sagesse
N'était rien qu'apathie, orgueil, erreur, paresse;
Qu'il fallait être riche et puissant à tout prix;
Que mon indépendance est une vertu veule,
Qu'il fallait acquérir sans être si bégueule.
— O vous qu'on a pendus, bien heureux sont vos fils!

XIV

A EDOUARD FERAY

Le prince P..., — qui est, je crois, Milanais, — mais qui passe une grande partie de sa vie à Paris, — possède une des plus grandes fortunes de l'Italie ; il s'en sert pour être avare. L'avarice en effet est une passion qui n'est nullement à la portée des pauvres gens. On ne méprise que la pauvreté involontaire et dont on souffre, mais la pauvreté volontaire dont on jouit, c'est-à-dire l'avarice, obtient facilement l'estime des hommes.

Voici une des inventions du prince P...

Il entre à la Maison d'or à l'heure où on dîne, parcourt les salles jusqu'à ce qu'il ait avisé quelques personnes de connaissance. En sa qualité d'Italien, il hante un certain nombre de jeunes écrivains et de jeunes artistes. Quand il en aperçoit un ou deux ou trois à une table, il s'approche et lui tend la main d'un air bienveillant, protecteur et paternel. — Eh ! vous voilà mon bon ! il y a longtemps que je ne vous ai vu. Que faisons-nous? Travaillons-nous ? Le dîneur répond quelques mots. Le prince s'assied en face de lui.

— Il faut travailler, mon bon, il ne faut pas s'endormir sur un succès.

Il prend négligemment un radis et le croque.

— Les jeunes gens se fient à leur facilité. — Voilà d'excellents radis. — Il prend un second radis, — puis une bouchée de pain sur laquelle il étend du beurre.

— Je sais bien qu'on aime mieux dîner à la Maison d'or, aller à l'Opéra et faire l'amour que de travailler... Garçon, donnez-moi un verre. — J'ai avalé ce radis de travers, il m'étrangle. — Un peu de vin et d'eau, mon bon.

— Voulez-vous me faire l'honneur de dîner avec moi ?

— Non, je n'ai pas faim, j'ai déjeuné très-tard. Je ne dis pas de mal de l'amour... Qu'est-ce que c'est que ces côtelettes-là ?

— Côtelettes Soubise.

— A la purée d'oignons ?

— Oui.

— Ah ! parbleu ! vous êtes plus heureux que moi : j'en demande tous les jours à mon maître d'hôtel, mais bast ! c'est comme si je chantais... Elles paraissent très-bien réussies.

— Voulez-vous les goûter ?

— Seulement la purée, pour voir.

— Garçon, une assiette.

— Et un couvert... Eh bien ! cette purée est excellente.

Donnez-m'en encore un peu. Allons, vous avez ajouté une côtelette; je ne la mangerai pas.

Il mange la côtelette et en reprend une seconde ; puis un peu de purée ; puis il demande du pain, le garçon lui apporte en même temps une serviette.

— Oh çà ! mes gaillards, vous vous nourrissez bien pour des jeunes gens. — Qu'avez-vous mangé avant cela ?

— Un potage à la bisque d'écrevisses. Voulez-vous qu'on vous en serve ? Il est excellent.

— Non pas, je n'ai pas faim. C'était pour goûter cette purée. — Donnez-moi à boire.

— Garçon, du vin de Chambertin !

— Ça n'est pas pour moi, je ne mange ni ne bois plus.

— Le vin est versé... C'est pour avoir votre avis.

— Il n'est pas mauvais.

— J'ai demandé ensuite quelque chose dont vous mangerez, j'en suis sûr.

— Pas une bouchée.

— Vous ? un chasseur et un gourmet ? un amateur de gibier ?

— C'est donc une bécasse ?

— Oui.

— Ah ! si c'est une bécasse... mais un peu de la croûte rôtie seulement.

On lui donne la croûte et une aile ; il fait semblant de ne pas s'en apercevoir. Un peu après, tout en parlant d'autres choses, il fait glisser sur son assiette la seconde aile et une cuisse.

Et il finit par dîner. Après quoi il dit : Je vous inviterai quelque jour à venir faire chez moi — un petit dîner soigné.

Il appelle cela aimer les écrivains et les artistes, — peut-être aussi protéger les arts et la littérature.

XV

LA GROTTE DE SAINT-ANDRÉ

A NICE

LETTRE A PH. BUSONI

Vous savez, mon cher Busoni, la charmante bergère qui vous attendit si inutilement il y a quelques années sur la plage de Sainte-Adresse, pendant tout un été; en la voyant si gentiment accoutrée du grand chapeau et de la robe perse rattachée par des nœuds, en regardant, les yeux plus grands que la bouche, on eût dit que c'était une bergère de Watteau descendue toute pimpante d'un des trumeaux que l'on voit encore fréquemment au-dessus des portes et des cheminées dans les vieux châteaux normands.

Mais tout beau et splendide qu'il soit, le paysage âpre et d'un vert sombre de la Normandie ne convenait pas à cette gracieuse et mignarde figure. — Elle avait droit à des arbres bleus, à des rivières lilas, à un ciel rose. — Au lieu de ces énormes génisses couchées dans les gras pâturages normands, je comprenais qu'il lui manquait de petits moutons plus blancs que la neige, frisés et ornés de rubans couleur de feu et broutant des gazons *émaillés de fleurs.*

Sauf les moutons plus blancs que la neige, elle serait ici à Nice dans un cadre parfaitement convenable : les arbres bleus, les oliviers couronnent les collines et les montagnes ; le ciel, rose le matin, lilas le soir, est d'un bleu très-limpide et très-particulier tout le jour, et la nuit, au lieu de devenir noir, il devient du lapis des pervenches. Dans la plaine de la Provence sont des orangers, des citronniers et des lauriers-roses ; les habitants n'y cultivent pas, comme en Normandie, le blé, le colza et la betterave ; ce qu'on voit ici, dans la campagne, ce sont des champs de rosiers, des gazons de réséda, des pelouses de violettes de Parme, des carrés de tubéreuses ; les haies sont formées par des rosiers de Bengale et des jasmins. — D'autres pays demandent à la terre la satisfaction des grossiers besoins de l'estomac ; celui-ci s'occupe des fleurs et des parfums. Quand vient la moisson, on fauche les tubéreuses et les jonquilles ; au mois de mai, l'air est enivrant, tant il est imprégné du parfum des orangers.

Aussi le choléra, qui vient de répandre la désolation sur les côtes de la Méditerranée, a tourné autour de Nice comme un loup affamé autour d'une bergerie. Mais que faire pour lui dans cette ville, où le matin la brise de mer vient traverser, nettoyer, assainir l'atmosphère, et chasser les miasmes de la veille que les calices de topaze, de rubis et d'améthystes des fleurs remplacent par des parfums frais et nouveaux ? — jusqu'à la fin du jour, où la brise de la montagne vient à son tour chasser les senteurs de la journée, pour laisser l'air libre de s'imprégner de la douce odeur des fleurs nocturnes, des belles-de-nuit, des daturas et des œnothères.

Le choléra a enlevé traîtreusement et honteusement quelques malades, quelques vieillards, quelques gens usés, qui seraient bien partis sans lui et qu'il a fait mourir déguisés en cholériques — comme autrefois, certains pécheurs, au moment de rendre leurs comptes, s'arrangeaient pour mourir vêtus de l'habit de quelque ordre religieux, espérant que saint Pierre ne savait pas ce proverbe : — L'habit ne fait pas le moine, et le moine ne fait pas le saint. A vrai dire, il n'y a pas eu de choléra à Nice ; seulement la petite peur qu'on en a eue a tourné au bénéfice de la ville et à celui des étrangers qui y viennent chaque année escamoter un hiver. On a nettoyé, lavé, récuré, blanchi, repeint ; on a surveillé la qualité des denrées, etc.

Une des promenades que je vous ferais faire si vous veniez ici, mon cher Busoni, serait sans contredit une visite à la grotte de Saint-André. C'est là que la bergère pourrait mener paître ses agnelets au bord d'un petit torrent sur les rives escarpées duquel rougissent, à l'ombre des figuiers sauvages, d'excellentes fraises parfumées.

La grotte termine le fond d'une vallée étroite. Les rochers énormes dans lesquels sans doute le torrent l'a creusée sont revêtus de figuiers qui ont glissé leurs racines dans les fentes de la pierre, et se penchent sur l'eau pour respirer par leurs larges feuilles la fraîcheur qu'ils ne peuvent demander au sol.

Du haut de la grotte, toute tapissée à l'intérieur du feuillage si vert et si finement découpé des capillaires, tombe une cascade qui voile le fond de la caverne d'un rideau diaphane. — Quand on est parvenu de l'autre côté de cette fraîche courtine, on voit le torrent qui, là où le terrain est encore uni, coule comme un calme et murmurant ruisseau; ses eaux rassemblent sur leur surface tous les rayons lumineux qui se glissent dans la grotte, l'œil le suit dans l'obscurité jusqu'à un point où, sans doute éclairé par une fissure du haut de la roche, on l'aperçoit venir limpide et lumineux comme s'il était éclairé par des flammes du Bengale.

A l'Opéra, un décor qui reproduirait exactement la grotte de Saint-André serait déclaré exagéré, d'un effet forcé; et on reprocherait au peintre d'emprunter ses sujets, non pas à la nature, mais aux contes de fées.

Sous la voûte tapissée du velours vert qu'étendent les touffes chatoyantes des capillaires, des bergeronnettes et d'autres oiseaux ont caché leur nid, et payent en mélodies simples et franches l'hospitalité qui leur est donnée. — J'appuie sur la simplicité et la franchise des mélodies, car c'est là qu'il faut les chercher, et non point au théâtre. — Il est arrivé un grand malheur aux Italiens, — et ce malheur s'est étendu, comme une tache d'huile, du centre de l'Italie jusqu'à ses frontières extrêmes. — Espérons qu'il épargnera la France.

L'Italie, — une des deux patries de la musique, — s'est prise d'engouement pour un nouveau musicien appelé M. Verdi, un homme qui écrit des bruits sur du papier, et donne cela à crier à des chanteurs, bien vite égosillés, éraillés, fêlés. — En ce moment on préfère M. Verdi à Rossini, un des grands génies que compte l'art de la musique, à peu près comme les Juifs préférèrent Barrabas au Christ. — Les tapages de M. Verdi ont fatigué et usé les échos. — De cet aveuglement étrange l'Italie ne peut tarder à être punie par la surdité. — Que la France se tienne pour avertie.

Discite justitiam moniti et non temnere divos :

Apprenez à avoir l'oreille juste et à ne pas dédaigner les vrais dieux de la musique.

Que dira Janin de cette traduction, si ces lignes lui tombent sous les yeux ?

Je m'arrête pour deux raisons, mon cher Busoni : — la première, c'est que je m'avise que vous connaissez peut-être ce pays mieux que moi ; — la seconde, c'est qu'en vous le rappelant ou en vous le faisant connaître, je pourrais, — car vous aimez encore plus le soleil que la paresse, — vous donner un ardent désir de quitter Paris. — Certes je serais bien enchanté de vous serrer la main, mais je doute fort que les lecteurs de *l'Illustration* fussent alors disposés à l'indulgence et au bon accueil dont j'ai besoin pour quelques articles que je compte envoyer de temps en temps à nos bons amis P. et Lech., que Dieu ait, ainsi que vous, en sa sainte et digne garde.

Tout à vous,
Alphonse Karr.

XVI

A LÉON GATAYES

En t'écrivant l'autre jour, il m'est arrivé ce qui nous est arrivé tant de fois lorsque je demeurais rue de la Tour-d'Auvergne, où depuis a demeuré notre cher Victor Hugo.

Combien de fois es-tu venu me prendre le soir pour aller ensemble dans le monde! Je n'étais pas habillé; nous nous mettions à jaser en fumant sur des coussins devant un feu de houille; puis il venait un moment où il était onze heures et demie ou minuit: il n'était plus temps d'aller là où nous devions passer la soirée; on renvoyait le fiacre qui attendait à ma porte, nous remplissions nos pipes et nous nous remettions à jaser.

Aujourd'hui, pour éviter de retomber dans la même faute, je vais tout d'abord te parler de ce que j'ai à dire du carnaval à Nice.

Le carnaval de Nice est évidemment un reflet de celui

de Naples ou de Rome, où je ne suis pas encore allé ; à Rome, parce que je n'y ai pas pensé, à Naples, parce que l'on a refusé de viser mon passe-port.

La promenade légale s'appelle le Corso ou le Cours, car le nom de chaque rue est écrit à l'angle de la première maison, en italien-piémontais à gauche, et en français à droite.

Place de la Croix-de-Marbre : — Piazza della Croce di Marmo.

Route de Saint-Etienne : — Via di S. Stafano, etc.

Je m'étonne qu'on n'y ait pas ajouté une petite étiquette russe, anglaise, espagnole et allemande, car il vient à Nice plus de Russes, d'Allemands, d'Anglais, etc., que de Français. Ah! si les Français avaient eu un peu de patience, s'ils s'étaient encore opiniâtrés un pauvre petit demi-siècle à ne pas apprendre les autres langues, le français devenait la langue universelle. Toutes les inscriptions légales, les enseignes des marchands de... *sole, polvere e tabacco* sont en italien, ainsi que les étiquettes des bureaux de poste, *Regie Poste*, où l'on lit sur les boîtes aux lettres : *bucca*, bouche.

Mais les commis parlent français ; les avis de l'autorité sont imprimés en italien.

Pour le peuple, il ne parle ni l'une ni l'autre des deux langues : il a un patois corrompu dans lequel il y a très-peu d'italien et beaucoup de français du midi de la France.

Le mardi gras, c'est au Corso que l'on se réunit. Les piétons encombrent une large allée plantée d'arbres qui en forme le milieu, et les voitures tournent à l'entour.

Les fenêtres des maisons, ornées de tapis, et la grande terrasse du libraire Visconti sont hérissées de têtes. Il y a médiocrement de personnes costumées, et la plupart sont en dominos.

Les voitures jouent un grand rôle dans cette fête ; leur situation ressemble à celle des soldats que l'on passait autrefois par les verges. Les piétons d'un côté, les habitants des fenêtres de l'autre, forment une double haie d'où tombent des boutons, des haricots, des fleurs, des sarcasmes, des œufs pleins de plâtre ou de suie. Mais les hôtes des voitures ripostent avec énergie. Cette artillerie devient quelquefois si formidable, que l'on a inventé des masques de toile métallique, en guise d'écran ou de visière de casque, pour la figure.

L'année dernière, l'autorité de Nice avait réussi à interdire les œufs de plâtre et de suie ; mais les haricots, les dragées de plâtre, les grains de genièvre, entre lesquels les vrais bonbons sont en petit nombre, — *apparent rari,* — n'ont pas permis de supprimer les masques.

A part le côté grotesque des projectiles offensifs, auxquels des sentiments d'économie ont donné trop de place, il n'y aurait rien de plus gracieux que ces bonbons et ces bouquets échangés entre les piétons, les habitants des fenêtres et les voitures.

Il y a à cette époque une grande quantité de fleurs à Nice ; les violettes de Parme s'y vendent au kilogramme.

Il y a les roses thé et surtout les roses de Bengale, dont sont faites beaucoup de haies dans les champs. Il y a les fleurs de cassis et des anémones écarlates qui émaillent les prés.

Les voitures ont dans cette guerre de projectiles un grand avantage contre les piétons : c'est la quantité des munitions et la facilité de tirer du haut en bas ; mais les fenêtres et la terrasse ont à leur tour le même avantage contre les voitures, en y joignant le tir fixe des batteries de terre, qui pointent plus juste que les batteries des vaisseaux. Les gamins, qui sont une nation particulière répandue entre les nations, s'insinuent dans les voitures par-dessous les roues, par-dessus les chevaux, et mettent les munitions au pillage.

Ces munitions se composent de deux sacs ou corbeilles. D'un côté sont des bonbons communs avec un mélange de haricots, de grains de genièvre, etc., pour le combat avec les inconnus.

De l'autre, les bonbons fins, les marrons glacés, etc., et les bouquets, pour les personnes amies et celles envers qui l'on veut se montrer galant et empressé.

Malheureusement les haricots empiètent chaque année, et cela diminue singulièrement l'élégance de la fête. Le haricot est une sorte de caillou végétal dont il n'est nullement agréable de recevoir une poignée à travers le visage.

Ce carnaval est bien près d'être très-élégant et très-charmant. Il faudrait plus de costumes et moins de haricots.

Les bonbons et les fleurs coûtent beaucoup moins cher qu'en France. On pourrait se contenter de cette économie.

Si tu étais là, tu t'écrierais : — Ah çà! qu'as-tu donc contre les haricots? As-tu donc oublié nos dîners du vendredi?

— Oh! non, certes.

La nature nous a refusé à tous deux la consolation de la gastronomie ainsi que celle du jeu ; faute de ces plaisirs nouveaux, il nous faut ruminer les anciens.

Nous n'avons jamais fait de si bons dîners qu'avec le gigot et les haricots que nous avons mangés ensemble une fois par semaine pendant quinze ans ; et aujourd'hui encore nous n'imaginons pas de plus splendides festins.

Mais si je fais toujours grand cas des haricots farineux sous un gigot saignant, je ne me crois pas obligé de les aimer quand on me les envoie crus au travers du visage ; c'est surtout dans ce cas-là que les haricots auraient besoin d'être bien cuits.

Te souvient-il, à ton tour, de l'époque où mon chien Freyschutz me mangea pour la seconde fois? Après que

Le Bâtard m'eut recousu proprement, il me consigna pour une huitaine de jours chez moi.

Quelques bonnes âmes, me sachant malade, m'envoyèrent quelques bouteilles de vin et des friandises variées. Tu y prenais goût, et tu craignais que mon retour définitif à la santé ne tarît cette source de choses sucrées; aussi un jour tu pris à part ma portière et tu lui dis : — Écoutez bien : jusqu'à nouvel ordre, quand on viendra prendre des nouvelles de M. Karr, vous répondrez : Toujours un peu souffrant.

Te souvient-il que, pour ne pas manquer un de nos dîners du vendredi, je me suis brouillé avec la Bavière, car j'étais alors Bavarois, et ce n'est qu'en 1848 que Lamartine et Marie m'ont envoyé des lettres de naturalisation?

Oh! non, je n'ai pas oublié nos dîners; je n'ai pas oublié que les plus gais étaient parfois ceux où l'on mangeait le moins. Tiens, je me souviens d'un où l'on ne mangea pas du tout. Ah! le charmant dîner! Nous sommes épars dans le monde aujourd'hui quatre ou cinq qui voudrions bien le recommencer. Si je te rappelle ici les circonstances, ne me prends pas pour un tragédien, à la scène d'exposition, qui dit à son confident :

> Je te l'ai déjà dit, et veux te le redire.

Ou,

> Tu n'as pas oublié la fameuse journée...

Ou,

> Tu sais de quels ennuis, etc.

Je te redis ces choses comme tu me jouerais sur la harpe ou cet *allegretto* de Beethoven, ou cette mélodie que tu as faite autrefois sur le roman de *Sous les tilleuls :*

Ma richesse, c'est la feuillée,

ou bien quelques romances de ton père, ou bien quelques ranz des vaches, ou bien quelques valses de Nice.

Oh! la charmante chose que ces airs qui ont survécu à la mode, qui sont acquis à l'esprit, qui voltigent dans le bleu comme d'harmonieux oiseaux, et qui nous reviennent de temps en temps comme reviennent les hirondelles au printemps, les mésanges à l'automne! Comme ces airs entendus autrefois vous replacent, par un enchantement étrange, précisément là où nous étions alors, au même âge, dans les mêmes joies, dans les mêmes chagrins, dans les mêmes espérances! Comme ces airs nous refont jeunes et crédules !

Victor Hugo demeurait alors à la place Royale; nous nous y transportions de la rue de la Tour-d'Auvergne avec l'intention de dîner.

Madame Hugo était à table avec ses deux charmantes filles; Hugo avait son chapeau à la main ; Charles et Victor étaient encore au collège.

— J'espère, dit madame Hugo, que vous ne venez pas dîner ici ?

— Au contraire, nous venons dîner.

— Il y a un petit inconvénient, c'est qu'il n'y a absolument rien à manger. On ne vient pas dîner chez les gens un jour aussi rigoureusement maigre que l'est celui-ci.

Te rappelles-tu quel jour c'était ?

Il paraît que c'est un de ces jours où certains dévots pensent qu'ils peuvent être égoïstes, médisants, fourbes, etc., en restant agréables aux yeux de Dieu, pourvu qu'ils ne mangent pas de viande.

— Il n'y a absolument pour mes filles et pour moi que trois poissons rouges (des rougets), et nous ne comptons les partager avec personne. Nous avons envoyé le maître dîner au cabaret, et il allait partir quand vous êtes entrés.

— Ah ! il n'y a pas à manger pour mes amis ! s'écria Hugo. Eh bien, je partagerai leur sort, puisqu'il n'y a que cela à partager. Je ne sors pas. Madame Scarron de Maintenon remplaçait le rôti par une histoire ; nous avons à remplacer plus que le rôti ; mais à nous trois nous ferons de plus belles histoires que madame de Maintenon.

Madame Hugo envoya sournoisement un domestique chercher n'importe quoi dans le faubourg, et nous nous mîmes à fouiller la maison.

Certaines armoires étaient des catacombes où l'on enfouissait, sans jamais y penser depuis, toutes sortes de présents que parfois des admirateurs inconnus envoyaient à Hugo. — Nous y trouvâmes du rhum de la Jamaïque et du vin chinois (je crois que tu as gardé la bouteille, qui était revêtue de soie cramoisie), et des boîtes de confitures de toutes sortes.

Il y avait dans la maison du fromage et des fruits. On rassembla quelques œufs dont on fit une omelette. Tu te rappelles l'étrange gaieté d'Hugo en petit comité. Jamais peut-être nous n'avons fait un dîner si gai. Il était onze heures du soir lorsque nous fûmes dérangés par le domestique, qui apportait une volaille froide qu'il prétendait n'avoir pu trouver qu'aux Champs-Elysées.

Où est ce temps? Ce dîner serait impossible à refaire.

Oh! la Providence a agi généreusement si, comme on le prétend, elle dessèche le cœur des vieillards! Si les Egyptiens avaient raison en prétendant que physiquement le cœur grossit jusqu'à un certain âge et se rapetisse ensuite jusqu'à la mort, comment, sans cela, supporter tant de pertes et tant de deuils! Nous ne sommes qu'à la moitié de la vie, et combien d'amis nous ont quittés en chemin : ceux qui sont morts, et ceux qui ne nous aiment plus, et ceux que nous ne pouvons plus aimer, et ceux que le malheur ou la politique ont éloignés!

Hugo est aujourd'hui exilé et malade ; sa femme et cette belle jeune fille que nous avons vue grandir sont avec lui, ainsi que ses deux fils.

De cette famille et des convives de ce dîner, il n'est resté en France que Léopoldine, qui s'est noyée au Havre avec son mari et que j'ai enterrée à Villequier, sur les bords de la Seine. Nous y avons réuni dans un seul cercueil et Léopoldine et Vacquerie, qui est mort volontairement dans ce gouffre d'où, après de terribles efforts, il vit qu'il ne pourrait tirer sa jeune femme, et d'où il n'a pas voulu sortir seul.

Moi, j'ai quitté la France un peu après que je suis devenu Français, juste assez tôt pour me faire un exil de mon départ.

XVII

A THÉOPHILE GAUTIER

Quand on lit les mémoires du temps où il n'y avait pas en France d'état civil, où les prêtres inscrivaient les mariages, les naissances et les décès sur un registre qui en tenait lieu et demeurait entre leurs mains, on est frappé à chaque instant des abus monstrueux auxquels cet usage donnait lieu. C'étaient des choses fréquentes, ordinaires, quotidiennes, sur lesquelles les auteurs de mémoires n'appuient pas, et qu'ils racontent sans aucune remarque.

Un grand seigneur épouse une fille honnête, puis, le caprice passé, il fait enlever la feuille du registre. Il n'est plus marié : la fille est concubine et son enfant bâtard.

Lorsque l'on fit ce fameux procès contre Tancrède de Rohan, « Chabot, par le moyen du coadjuteur, obligea le curé de Saint-Paul à donner l'extrait baptistaire de Tancrède. »

La marquise de Sablé veut faire épouser son fils à madame de Coislin malgré le père de celle-ci. On obtient la dispense de deux bans ; on en jette un sous de faux noms, et on le marie, etc., etc.

Je ne suis en mesure de rien préciser ici de ce genre, mais il est probable que dans les pays où le bon sens n'a pas encore rendu l'état civil indépendant de l'Église, les mêmes abus doivent se produire.

Voici, par exemple, ce qui arrive en Piémont:

On sait que tous ceux qui, de près ou de loin, de gré ou de force, ont pris une part directe ou indirecte à l'exécution de la loi sur les couvents sont excommuniés *ipso facto*. Ainsi, moi qui vous en parle, vous qui allez lire ce que je vais en dire...

Il est encore temps de vous arrêter ; vous et moi nous sommes compris dans la mesure, moi je suis, vous, vous allez être excommunié. Déjà certains prêtres ont refusé de donner l'extrême-onction et d'enterrer en terre consacrée des personnes qui avaient, en qualité de témoins, assisté à la fermeture de certains couvents.

Il est hors de doute qu'ils refuseront également de marier les gens et d'inscrire les naissances, par suite de quoi les gens dans la situation actuelle de l'état civil, ou renonceraient à tous projets d'union, ou vivraient en concubinage et donneraient le jour à des enfants qui seraient bâtards, si le refus de les inscrire ne les en empêchait en refusant de les reconnaître comme vivants. Il n'y a pas besoin de développer les désordres pour le présent et pour l'avenir qu'amenèra inévitablement cette lutte engagée.

En effet, le bon sens le plus vulgaire l'indique : le gouvernement piémontais, qui a mené son œuvre à fin, malgré les menaces aigres-douces de Rome et violentes de son propre clergé, ne reculera pas et ne rapportera pas la loi.

D'autre part, il est impossible de permettre aux prêtres de faire perdre l'état civil à une partie des habitants du Piémont.

Il est donc inévitable que des mesures vont être prises, et ces mesures sont bien simples : elles consistent à faire ce que réclament depuis si longtemps le bon sens et la sécurité des familles : à déclarer l'état civil indépendant de l'Eglise, qui inscrira à son gré la constatation des cérémonies religieuses, mais qui aura à ne plus s'immiscer dans les constatations civiles... Cela est si nécessaire, si indispensable, si urgent, qu'il faut le considérer comme accompli. Le parti ultra dévot aura donc fait une mauvaise campagne, mais il aura contribué au progrès. Le bon sens a ceci de puissant : que ses adversaires lui servent autant que ses amis. Ce sera le parti ultra catholique qui aura amené cette réforme si importante, en la rendant indispensable.

On lit dans le *Journal de Rome* du 12 décembre :

« Les théâtres, qui, joignant l'utile à l'agréable, de-
« vraient être une excitation continuelle au bien, et qui
« devraient par leurs représentations diriger les *esprits vers*
« *l'amour de la vertu et l'exécration du vice,* semblent
« être, de nos jours, devenus une école d'immoralité, et
« *trop souvent sur les scènes italiennes le vice triomphe de la*
« *vertu.* »

C'est pourquoi :

« Sa Sainteté institue des prix qui seront décernés aux
amateurs d'ouvrages dramatiques qui, tout en étant re-
commandables au point de vue de l'art, le seront également au point de vue moral et social. »

Il est en France une pièce qui réunit au plus haut de-
gré toutes les conditions qu'exige le Saint-Père, pour les
encouragements qu'il se propose d'accorder au théâtre
et aux auteurs dramatiques. — Elle est « agréable, » elle
est très « recommandable au point de vue de l'art ; »
« la vertu y triomphe du vice, » elle est « morale et so-
ciale, » en ceci qu'elle démasque un des plus grands vices
de la société. — Cette décision du pape ne peut que faire
grand plaisir aux catholiques intelligents comme MM. Veuil-
lot et Montalembert, qui ne seront plus obligés de feindre une horreur profonde pour un des chefs-d'œuvre de
la littérature française, le *Tartuffe* de Molière, que ces

deux écrivains distingués n'ont jusqu'ici lu et admiré qu'en secret et avec remords.

Ainsi se trouve levée la vieille excommunication des théâtres, des auteurs dramatiques et des acteurs.

XVIII

AU COMTE D'ALTON-SHÉE

Il y a un peu plus d'un an, mon cher d'Alton, mon frère Eugène vous a rencontré à Paris, rue Saint-Honoré. Vous partiez, m'écrivit-il alors, pour l'Italie, et vous ne manqueriez pas de venir me voir à Gênes, où j'étais alors. C'était avec une grande joie que j'attendais, moi, Français *in partibus*, le moment de continuer avec vous, sous les citronniers de Nervi, les causeries commencées sous les vieux ormes de Sainte-Adresse, et d'affronter avec mon meilleur compagnon les colères bleues de la Méditerranée, après les lames vertes de l'Océan.

A vrai dire, je m'étonnais quelque peu de vous voir quitter Paris, où je vous sais si soigneusement entouré de personnes qui vous aiment, de personnes qui me rendaient fort heureux rien qu'en me permettant un peu de les aimer beaucoup.

Lorsque j'arrivai à Nice pour la première fois, c'était dans le mois d'octobre, à l'époque de la Saint-Luc. Cet évangéliste possède à Nice une influence qu'il n'a pas ailleurs. C'est à la Saint-Luc que l'on quitte les fermages et que l'on en prend possession, tandis que c'est en France à la Saint-Michel. Est-ce à ses nombreux voyages que saint Luc doit d'avoir été pris pour le saint qui préside aux déménagements ? Je l'ignore, et je ne sais pas non plus ce qui l'a fait choisir ici pour patron des maris trompés, — à moins qu'on n'ait trouvé une allusion dans le bœuf paisible et cornu, qui l'accompagne d'ordinaire dans les tableaux et les images.

Il est d'usage, à la Saint-Luc, de souhaiter la fête aux époux notoirement malheureux, et de leur donner des bouquets. Ces bouquets consistent en fleurs de courge et citrouille que l'on attache à leurs portes pendant la nuit.

Il est ici des académies qui proposent des prix pour des sujets qu'elles donnent à traiter ; — ces sujets ne sont pas toujours d'un intérêt très-déchirant : savoir l'époque précise à laquelle Poppée prit son premier bain de lait d'ânesse ; établir quelle a été l'influence de ce premier bain sur la soumission des Tectosages et des Tolosates, etc., etc.

Eh bien ! ce serait un agréable sujet de concours que de rechercher pourquoi les melons, concombres et citrouilles, et les cucurbitacées en général, ont toujours été l'emblème de la sottise et de l'ineptie ; d'examiner si la qualité réfrigérante de leurs semences n'en est pas la principale cause ; de rechercher également si la couleur jaune, qui décore, à quelques exceptions près, toutes les fleurs de cette famille, n'est pas l'origine des plaisanteries qui font de cette couleur la livrée des maris trahis, — par suite de quoi il semble que l'on porte en jaune le deuil des inconstantes.

Le mot *cucurbitare*, — changer en citrouille, — était l'un des nombreux synonymes par lesquels nos ancêtres désignaient l'action condamnable de tromper un mari.

Ce n'est pas tout.

L'amour est la plus terrible et la plus honnête des passions ; c'est la seule qui ne puisse s'occuper de son bonheur sans y comprendre le bonheur d'un autre.

L'amour, dans le mariage, serait l'accomplissement d'un beau rêve, s'il n'en était trop souvent la fin.

D'où vient le ridicule qui s'attache aux maris trompés?

En quoi la situation d'un mari trompé mérite-t-elle d'exciter la gaieté ?

Elle cause chez celui qui l'éprouve un si violent désespoir, une fureur si aveugle que les législateurs ont fait des exceptions en sa faveur. Les législateurs, surtout les anciens, sont généralement vieux et ne montrent pas toujours assez d'intelligence ou de mémoire des passions humaines.

Les Égyptiens prétendaient que le cœur de l'homme grossit jusqu'à quarante ans, puis, qu'il maigrit, diminue et s'atrophie.

Eh bien, les législateurs ont cependant admis que cette fureur avait le droit d'être telle que celui qui l'éprouve cesse d'être responsable de ses effets, et que le massacre de ceux qui le trahissent est excusable aux yeux de la justice.

Peut-être faut-il mettre en ligne de compte que les législateurs, vu leur âge présumé, ont été portés à prendre parti pour les maris qu'on trompe.

Le hasard, mon cher ami, vous a sans doute fait rencontrer comme à moi certains hommes qui ont eu quelquefois le malheur de jouer le rôle contraire, c'est-à-dire de réduire certains maris à cette situation que l'on est convenu de trouver très-ridicule. Eh bien, ils m'ont avoué que ces maris si drôles leur inspiraient une profonde terreur! que le pas connu de l'un d'eux sur un escalier leur causait une horrible peur. — « C'était un homme que j'aurais tué d'un coup de poing. Eh bien, il avait une certaine petite toux sèche qui inquiétait beaucoup sa femme et moi, car nous n'avions envie de nous épouser ni l'un ni l'autre si nous venions à le perdre, bien que chacun de nous eût fait jurer à l'autre plus de cent fois le contraire, » me disait un de ces coupables hommes.

Cette incidence arrive un peu tard, et je crains que, pendant sept lignes, vous ne m'ayez attribué la criminelle situation.

« Cette petite toux, me disait donc un de ces coupables hommes, qui annonçait une phthisie fort avancée, me glaçait le sang dans les veines quand je l'entendais, puis le faisait refouler au cœur, qui battait à tout rompre ; puis je restais quelques minutes tout tremblant,

14

« En effet, si cet homme si drôle était entré, d'abord il aurait pu me tirer un coup de pistolet et me tuer impunément comme un lièvre au gîte ; si, en me défendant, je l'avais tué ou blessé, j'aurais commis une action réellement criminelle, et il m'aurait fallu m'exiler ou subir au moins de longues années de prison.

« Pour la femme, outre qu'elle pouvait être tuée, elle pouvait aussi être traînée en assises entre deux gendarmes, ou sur les bancs de la police correctionnelle ; là, interrogée publiquement sur sa conduite, et, en résumé, emprisonnée avec les prostituées, séparée de ses enfants qui plus tard eussent rougi d'elle, hautement méprisée de femmes qui sont au moins comme elle, et chassée du monde qui donnait asile et protection à ses amours adultères, mais qui punit la maladresse et le malheur plus sévèrement qu'on ne faisait à Sparte pour les voleurs. »

J'ai souvent cherché, c'est moi qui parle en ce moment, ce qu'avait d'étrange cette loi de Sparte que nos professeurs de colléges nous ont accoutumés à regarder comme une des plus grandes irrégularités des mœurs spartiates.

A moins qu'on ne prouve que la justice découvre et punit tous les crimes sans exception, il est évident qu'elle ne frappe que la maladresse de ceux qui se laissent découvrir et prendre.

Je ne sais plus quel magistrat disait : « J'ai vu des actes d'accusation fort encombrés de fort vilaines choses ;

eh bien ! quels que fussent les faits à la charge du prévenu, l'article le plus grave pour lui était toujours dans ces deux mots : « Ci-présent. »

Revenons à la situation si plaisante du mari trompé, et laissons encore parler le coupable homme que j'ai déjà cité.

« En supposant même que les choses n'eussent pas eu ce dénoûment terrible, mon homme à la petite toux pouvait me provoquer, me demander raison. Un duel est toujours plus fâcheux qu'on ne l'avoue, et je n'ai guère vu parfaitement tranquilles, la veille d'un duel, que les gens parfaitement résolus, parfaitement décidés à ne pas se battre et à en passer au dernier moment par les plus honteuses conditions. Quoiqu'il soit reçu en pareille circonstance que l'on doit feindre de ne pas tenir à la vie, et de ne pas craindre de laisser derrière soi des gens que l'on aime et qui souvent ont besoin de vous, c'est une comédie plus ou moins mal jouée, on ne retrouve un véritable sang-froid que lorsque, le combat engagé, le duel ne peut plus être évité ; on ne pense plus alors qu'à la haine pour l'adversaire et qu'à sa propre conservation. Jusque-là, on est comme l'accusé d'un crime entraînant la peine capitale pendant que le jury est dans la chambre des délibérations.

« Mais un duel avec un mari outragé est cent fois plus grave qu'un autre. On ne peut ni le tuer ni le blesser décemment. La justice d'une part, l'opinion publique de l'autre, vous demanderaient un compte sévère. Il faut donc se mettre à sa merci, et compter sur sa fureur et sa maladresse. Puis il faut encore, si vous êtes blessé, que votre blessure ait une certaine gravité pour ramener l'intérêt sur vous ; si votre blessure est légère, c'est une correction, et il est humiliant de recevoir une correction.

« Ce n'est pas tout, continue le coupable homme. Supposons que ce mari si drôle vienne froidement à moi et me dise : « Monsieur, vous êtes un traître ; vous avez honteusement serré la main que je vous tendais ; vous vous êtes introduit chez moi comme un voleur ; vous êtes un fourbe et un coquin. »

« Je ne sais pas bien ce qu'il y aurait à répondre.

« Le comique n'est donc ni dans la situation de la femme adultère ni dans la situation de son complice. Il ne paraît pas être non plus dans le côté que nous venons d'examiner de la situation du mari.

« Le mari, cet homme si plaisant, qui fait tant rire, s'aperçoit tout à coup qu'il est trahi par sa femme et par son ami ; que les sentiments dans lesquels il a mis son bonheur étaient d'infâmes perfidies ; — c'est toujours dans un mets préféré par la victime que les empoisonneurs versent l'arsenic. — Le voilà seul, isolé, abandonné ; il tombe du haut de son bonheur mensonger. Cette femme qu'il aimait, pour laquelle il a travaillé toute sa vie, pour laquelle il a voulu être riche et honoré ; — cette femme profitait des moments où il travaillait dehors à la faire heureuse et brillante, pour le tromper indignement. Et ses enfants qu'il adore, qu'il serrait avec tant de joie sur sa poitrine, pour lesquels il devenait avare et ambitieux, — ses enfants!... sont-ils à lui? Ces chers objets de sa tendresse, de ses rêves, ne sont-ils que des témoignages de la trahison? Est-ce que ce sont les enfants d'un autre, — d'un autre et de sa femme, à lui, — qu'il embrasse, qu'il caresse, pour lesquels il travaille?

« Il les repousse... Mais s'il se trompe, si ces enfants sont à lui?... Ces pauvres enfants! ces chers enfants! à chaque instant il les brusque, puis il les embrasse, puis il les repousse, car il lui vient une horrible envie de les étouffer. Et jamais, jamais il ne saura la vérité!

« Ce ne me semble pas être encore là le côté drôle, le côté à mourir de rire de l'adultère. Et cependant il n'est pas de sujet de plaisanteries plus fréquent, plus sûr de son succès. Le monde, comme le théâtre, ne s'amuse guère que de cela. »

En attendant qu'une académie ait mis ces questions au concours, et en attendant qu'elles aient été résolues, je reprends mon récit aux fleurs de courge, où je l'ai laissé.

Beaucoup de portes étaient dès le matin ornées de bouquets et de guirlandes de fleurs de courge, — cogourdes, comme ils disent dans le pays, — et, comme je voyais des femmes porter sur leur tête des corbeilles pleines de ces fleurs, je m'inquiétai, en calculant qu'il y en avait plus qu'il n'en fallait pour décorer toutes les portes de la ville. — Mais on m'expliqua que ces fleur se mangent farcies.

O pays béni où, sous les baisers ardents du soleil, la

terre engendre sans cesse de nouvelles générations de fleurs!

Le jasmin, la tubéreuse, le rosier, la jonquille, la violette, s'y cultivent en champs, comme en France les choux, les betteraves et le colza. Le veau y est bien mauvais; mais que fait cela dans un pays où l'on mange des fleurs farcies? Il est vrai que l'on y mange aussi des rossignols, des fauvettes, des tarins et des chardonnerets. — Est-ce pour se nourrir de parfums et de musique? — Mais c'est un tort de manger les musiciens!

Est-ce que les Niçois aiment mieux M. Verdi que les rossignols, de même qu'ils le préfèrent à Rossini? Est-ce à M. Verdi que l'on sacrifie les chantres des bois, comme on sacrifiait des coqs à Esculape et des bœufs blancs à Jupiter?

J'aurais bien un autre reproche à faire aux habitants de Nice. Il s'agit, je suis tenté de dire d'un crime; mais ce crime échappe à la punition par la difficulté de le dénoncer. Cependant, je trouverai quelque jour une formule pour mon acte d'accusation, car il serait immoral que le criminel échappât aux justes peines de son forfait, précisément par l'extrême atrocité de ce forfait.

Ce pays où les rossignols sont naturellement aussi communs que chez nous les moineaux, ce pays où l'on fauche les tubéreuses, où l'on vend les roses et les violettes au quintal, ce pays semble dédaigner le parfum des fleurs et n'entend que très-peu de chants d'oiseaux.

O Niçois! faudrait-il qu'en échange de votre bonne

hospitalité je ne puisse pas faire une exception en votre faveur à cet aphorisme que j'ai été forcé d'émettre :

« Il y a quelque chose de trop dans tous les pays : ce sont les habitants ? »

Non, il n'en sera pas ainsi, et, quand j'aurai trouvé une formule qui me permettra de parler de ce que j'ai à vous reprocher, je vous ferai une telle guerre à ce sujet que je vous ramènerai au respect de vous-même, de votre beau pays, de votre richesse et de votre bonheur !

Je vous parlais tout à l'heure, mon cher d'Alton, des corbeilles pleines de fleurs de courge que je voyais porter par les rues. C'est un charmant spectacle que de voir tous les matins, au point du jour, le départ, pour le marché de Nice, de centaines de femmes et surtout de jeunes filles, pour la plupart grandes, souples, bien faites et souvent jolies, portant sur leurs têtes avec une aisance parfaite, de grandes corbeilles pleines quelquefois de légumes, mais le plus souvent de fruits et de fleurs. D'ailleurs, les corbeilles de légumes sont recouvertes de bouquets.

Les fruits sont ceux que les peintres aiment à reproduire, de gros raisins, des pastèques, des figues rouges, des pêches, des oranges.

Les fleurs sont en telle abondance que la violette de Parme se vendait cette année, à la fin de l'hiver, vingt sous le kilogramme.

Ces belles filles ont presque toutes de longs et épais cheveux bruns ou noirs; de ces cheveux entourés de velours noirs elles se font une couronne au-dessous de leurs bandeaux : c'est une des plus ravissantes coiffures que j'aie jamais vues. — Elles ont aussi des chapeaux et des bonnets si jolis et de si bon goût que, sous ces trois aspects et sous ces trois degrés de la coiffure féminine, — les cheveux, le bonnet et le chapeau, — les bourgeoises qui, à Nice comme partout, ont adopté religieusement les modes françaises, sont outrageusement battues et ne peuvent soutenir la comparaison. Les paysannes portent avec cela de très-grandes boucles d'oreilles en or.

Je vous assure que cela vaut la peine de se lever de bon matin.

J'ai déjà parlé des pauvres et des mendiants. Il n'y a à Nice ni beaucoup de riches ni beaucoup de pauvres.

Ce sont deux extrêmes qui sont toujours réunis. L'Angleterre, le pays des grandes fortunes, est aussi le pays où il y a le plus de pauvres, et où il y a les pauvres les plus pauvres. Lorsque, l'hiver, arrivent à Nice les riches étrangers, Nice voit arriver en même temps les pauvres étrangers, je veux dire les mendiants : distinguons, car vous et moi nous aimons les pauvres. Ces hordes de mendiants s'emparent des rues en même temps que la foule des étrangers peuple les hôtels, les maisons et les appartements ; là, ils vous poursuivent et vous harcèlent avec une opiniâtreté dont nos mendiants de Paris sont loin de pouvoir donner une idée. Un mendiant vous prend à votre porte et vous accompagne partout, à la promenade, au cours, chez les marchands, au café, au restaurant ; puis il vous ramène chez vous, à moins que vous ne vous soyez débarrassé de lui dès le début en lui donnant ce qu'il exige.

On est généralement comte à Nice. Ce n'est pas trop, quand on songe que presque tout le monde y est à trois cents lieues de chez soi, et que beaucoup viennent de bien plus loin. Les titres me paraissent s'y porter du reste à proportion des distances. Les Français et les Italiens ne sont que comtes, les Anglais lords, les Espagnols ducs, les Russes princes.

On ne prend pas et on ne donne à personne le titre de baron, aussi n'y rencontre-t-on que très-peu de barons, et il est à peu près sûr que ce sont de vrais barons.

J'admire la longanimité des vrais comtes du pays qui ne paraissent nullement blessés de ce carnaval. Les cochers, les aubergistes et les mendiants surtout appellent tout le monde : M. le comte.

Nous avons en France une distinction à l'usage des portiers et des domestiques, — une femme et une dame, — un homme et un monsieur.

A Nice, les subalternes et un certain nombre d'autres, au lieu de dire une dame, disent une comtesse.

Cette affluence de mendiants est telle qu'au bout de quelque temps on prend la résolution, tant bien que mal tenue, de ne plus rien donner dans la rue. On n'en rencontre pas moins de deux cents dans une promenade d'une heure. En ne donnant qu'un sou à chacun, ce serait à ajouter à son budget une dépense de trois cents francs par mois, et de plus l'heure serait entièrement employée à cette distribution. Alors s'établit une lutte entre les comtes et les comtesses qui sont décidés à ne pas donner, et les mendiants qui ont décidé qu'on leur donnerait.

C'est une guerre déclarée, et les bénéfices de cette guerre suffisent aux mendiants, qui viennent plus nombreux tous les ans ramasser leurs revenus.

Tant qu'il reste un étranger, les mendiants restent aussi, et il vient un moment où ils se mettent tous contre un ; le dernier étranger parti ou chassé, les mendiants s'en vont de leur côté en emportant les dépouilles. Il paraît que quelques Niçois ont trouvé un peu blessant ce dédain de messieurs les mendiants, qui ne restent pas un jour de plus que le dernier étranger : ils ont pris le parti de les expulser, ce qui met leur dignité à couvert. Aussitôt qu'il n'y a plus d'étrangers, un arrêté du syndic de la ville annonce que désormais la mendicité sera interdite dans la ville de Nice. L'arrêté est affiché à dix heures ; les mendiants ne l'ont pas lu, ils sont partis à sept.

Puis ils reviennent tous au mois de novembre pour être expulsés de nouveau au mois de mai, trois heures après leur départ. Le nouveau syndic cependant assure que cette année c'est pour tout de bon, et que cet hiver on ne verra pas à Nice un seul mendiant, à l'exception des capucins qui se promènent par les rues avec d'énormes besaces, qui entrent dans les maisons, qui jasent, rient, emplissent la besace, et ne refusent pas quelques rafraîchissements. Ni dans l'air de ceux qui leur donnent, ni dans leurs allures à eux-mêmes, rien n'indique que dans l'esprit des uns comme des autres il soit le moins du monde question de religion.

Si la promesse du nouveau syndic se réalise, les étrangers lui devront de grands remerciments, mais certains bourgeois que l'on n'appellera plus M. le comte toute la journée à travers les rues pourront en concevoir du chagrin.

On m'a cité un homme qui, arrivé à Nice, il y a trois ans, pour attendre le bateau qui devait le porter à Gênes, fut très-agréablement surpris de s'entendre partout appeler monsieur le comte.

Il faut dire que cet homme avait fait tout au monde pour être baron, choses honnêtes et autres. C'est à son père que Louis-Philippe, supplié de donner au fils le titre de baron, répondit :

— Mon cher ***, ne me demandez pas cela, je ne le ferai pas.

— Mais, sire, il s'agit d'un mariage superbe qui sera manqué faute d'un titre.

— Je suis fâché de vous refuser, mais c'est impossible.

Le père se retirait triste et abattu ; le roi le rappela.

— Ah çà, il y tient donc bien à ce titre ?

— Sire, il y tient sans doute comme à toute faveur émanant de Votre Majesté. Mais son beau-père, mais sa fiancée...

— Écoutez, je ne lui donnerai pas ce titre, mais qui l'empêche de le prendre ?

On comprend dans quel ravissement il fut jeté en s'entendant appeler M. le comte par les cochers, par cent cinquante mendiants. Il n'est parti qu'avant-hier, mais il reviendra et pour toujours.

Un jour que j'avais accepté le combat avec un mendiant qui m'avait pris comte à une porte et m'avait déclaré prince à la porte de Visconti le libraire, il s'avisa d'autre chose, et, d'un air amical, il me dit :

— Monsieur Alphonse Karr, faites-moi donc le plaisir de me donner deux sous.

Je me déclarai vaincu, et je payai les frais de la guerre.

Tout à vous,
Alphonse Karr.

XIX

NOUVELLE

On me montrait l'autre jour avec un sentiment d'admiration, que je ne tardai pas à partager, un homme qui, absolument sans fortune, a marié richement ses trois filles avec des hommes jeunes et riches. Quand vous saurez ce qu'on m'a raconté alors, il est probable que vous admirerez à votre tour le personnage.

Il avait un fils, plus âgé de sept ou huit ans que ses trois filles ; il commença par marier ce fils ; pour ce premier mariage, il se montra exigeant et inflexible, il lui fallut absolument une grosse dot ; la dot payée, il consentit à se charger des affaires du jeune ménage pour qu'il n'eût à s'occuper que des délices d'une si douce union. Il prit l'argent, en paya l'intérêt à 4 0/0 à son fils et à sa belle-fille, et le plaça chez un agent de change qui lui en donne neuf. Ce premier tour fait n'était qu'une bagatelle pour se mettre en haleine ; il avait vu dans cette première bataille comment les pères se défendaient pour ne pas donner de dot à leurs filles ; il les avait vaincus et avait remporté une dot. Il s'agissait de jouer le rôle contraire et de marier ses trois filles sans dot.

M. *** ouvrit sa maison avec une espèce de luxe ; entre les jeunes gens qui hantèrent cette maison, on remarquait facilement le jeune comte de V..... — Mademoiselle de *** était jeune encore, jolie et coquette ; de plus, on ne pouvait que déplorer qu'elle fût à jamais enchaînée par les liens indissolubles d'un odieux hyménée, etc. Le jeune comte s'éprit de la mère. Sa cour fut accueillie de façon à ne pas le trop décourager. Un jour qu'il avait eu le bonheur de se trouver seul avec madame de ***, il mettait de son mieux les instants à profit, et il était à ses genoux.

Madame de ***, après quelques paroles sévères, commençait à répondre d'une voix tremblante, lorsque, par un malencontreux hasard, M. de *** entra dans la chambre. — Je vous laisse à juger de sa surprise, de sa douleur amère et de son légitime ressentiment. — Quelque chose de fatal se peignit sur son visage pâle ; ses yeux lancèrent des éclairs. — Heureusement madame de *** ne perdit pas la tête. — Mon ami, dit-elle à son mari, ce pauvre comte me demande la main d'Aurélie, comme si cela ne dépendait pas d'elle et de vous, beaucoup plus que de moi. M. de *** jeta un regard soupçonneux sur sa femme et sur le comte de V....., mais celui-ci, en admirant la présence d'esprit de madame de ***, confirma un ingénieux mensonge qui les sauvait tous les deux, et il épousa mademoiselle Aurélie, qui était la moins jeune et la moins jolie des trois filles de la maison.

Voilà la première mariée ; — on s'occupa de placer la seconde.

Un jour du mois de septembre, M. de *** était allé à la chasse et ne devait revenir que le lendemain ; mais le temps était mauvais, le chien quêtait mal, M. de *** tirait plus mal ; il se décida à rentrer ;

Mais il s'égara, et...

Il devait être à peu près onze heures et demie du soir lorsqu'il arriva chez lui. — Il avait un passe-partout, il ouvrit sans bruit avec l'intention d'aller se coucher, sans réveiller personne, dans son appartement particulier.

Il se déshabillait, lorsque, se mettant par hasard à la fenêtre, il aperçut de la lumière chez sa femme ; il craignit qu'elle ne fût indisposée et monta à sa chambre ; — il trouva la clef à la porte, et entra ; — mais quelle fut sa triste surprise ! un beau jeune homme était aux genoux de madame de ***, et elle passait sa belle main dans les boucles noires et soyeuses de la chevelure du jeune homme.

M. le baron de T..., s'écria M. de ***, sortons !

M. de T... resta stupéfait. Mais madame de ***, gardant tout son sang-froid, fit un éclat de rire et dit, en s'arrêtant de temps en temps pour rire encore : — Ah ! ce pauvre M. de ***! Ah! ce pauvre baron! quelle maladresse! un époux outragé, une femme coupable, un duel, ta, ta, ta, ta! Allons, mon ami, calmez-vous et apprenez la vérité. M. de T... est éperdument amoureux de notre fille Zéphyrine : il me demandait sa main. Le temps passe vite entre un amoureux qui parle de l'objet de sa flamme et une mère qui écoute l'éloge de sa fille. Je faisais quelques objections, le pauvre baron, prenant mes objections pour un refus, s'était jeté à mes genoux.

— C'est différent, dit M. de ***; et le baron de T... épousa mademoiselle Zéphyrine de ***.

Pour la troisième, qui s'appelait Noémie, voici comment elle fut mariée. — Elle n'a pas de titre, mais son mari est énormément riche.

M. de ***, un jour, surprit dans un kiosque du jardin le financier B... aux genoux de sa femme; la veille, en dînant, le hasard avait amené la conversation sur les maris trompés; il s'était montré sérieux et intraitable sur ce chapitre. On pense de quel effroi le financier se trouva saisi en se voyant surpris aux pieds de madame de ***. Heureusement que celle-ci, qui vit le danger comme lui, conserva la présence d'esprit qui seule pouvait les tirer d'affaire.

— Voici mon mari, dit-elle à M. B...; adressez-vous à lui : vous resteriez dix ans à mes genoux, que cela ne changerait pas les choses; c'est de lui seul, comme je vous le disais, que vous pouvez obtenir la main de Noémie.

Quelle femme étonnante ! pensa B... ; quel sang-froid ! quel génie ! Et il épousa mademoiselle Noémie de ***.

XX

A TH. GUDIN

Depuis mon séjour à Nice, je rencontrais quelquefois, dans la rue de la Croix-de-Marbre (*via della Croce di Marmo*), un jeune homme dont la physionomie intelligente et expressive avait attiré mon attention. Je le trouvais toujours à la même place, assis au soleil. Je finis par causer avec lui. C'était le beau-fils du peintre Hanser, dont j'aurai à parler dans une de mes lettres, peintre distingué lui-même, élevé en Italie, mais arrêté dans une carrière brillante par une inexorable maladie.

J'ai rarement entendu une conversation plus intéressante ; il était fort instruit ; quand son mal l'empêchait de peindre, il lisait. Mais son cerveau n'était pas un de ces cerveaux gloutons qui ne digèrent pas : le sien s'assimilait promptement les connaissances acquises et en nourrissait un esprit très-hardi et très-original.

Avec un corps débile et presque détruit, c'était un des hommes les plus vivants que j'aie rencontrés. Il aimait passionnément toutes les belles et toutes les grandes choses. Il parlait de l'amour, du soleil, de la mer, des arbres, du ciel, de la poésie, de la musique, de la liberté, comme un grand poëte. Un beau reflet, un ton riche ou harmonieux sur un nuage, sur une feuille, sur un pavé l'enivrait de joie.

Sur le banc, ou de son lit où la souffrance le clouait, pourvu que la fenêtre fût ouverte ou que le soleil le vînt voir à travers les vitres, il se donnait des concerts, des harmonies de couleur dont il parlait de la façon la plus attachante.

« J'ai une vie en apparence bien misérable, disait-il. Je n'ai plus de corps que bien juste de quoi en souffrir horriblement. Eh bien ! la nature est si belle que je voudrais bien ne pas mourir et regarder toujours. »

Il est mort il y a quelques jours, et je l'ai accompagné au cimetière.

Il était protestant, ce que je n'ai su qu'au moment de son enterrement, à cause de quelques variations dans la forme de la funèbre cérémonie. Eh bien ! des prêtres catholiques qui passaient à côté du convoi, suivi par un père en larmes et des amis affligés, un seul a soulevé son chapeau, et il a promené ensuite autour de lui un regard inquiet; les autres s'arrêtaient, regardaient, sans donner aucun signe de respect ni pour le mort, ni pour la douleur de ceux qui le suivaient.

Il est vrai que l'année dernière le convoi d'un Vaudois

mort fut insulté et assailli de pierres par la populace, et qu'un évêque demanda ensuite qu'il fût retiré de la terre du cimetière. Je vous en ai parlé en ce temps-là. Je suis loin de supposer que les prêtres catholiques instruisent le peuple à ces actes sauvages et barbares. Mais peut-être ne l'instruit-on pas assez à la charité et au respect des morts.

Au champ du repos, le pasteur fit un discours où, après un juste éloge du mort, et des marques vraiment chrétiennes de confiance entière dans la miséricorde divine, il émit quelques regrets, évidemment tempérés par le respect de la douleur des assistants, sur les incertitudes qu'avait conservées, sur certains dogmes, Octave d'Albuzzi, jusqu'au dernier moment d'une vie où l'intelligence ne s'était pas affaiblie lentement, comme la lumière d'une lampe qui manque d'huile, mais s'était éteinte tout entière avec le corps, comme la lumière d'une lampe que l'on brise. Néanmoins, dit-il, nous ne devons pas douter de la miséricorde de Dieu, qui est infinie.

Non, monsieur, nous ne devons pas en douter, nous ne pourrions en douter, sans douter de sa justice et de sa puissance.

Mais je n'aurais pas pensé, moi, à promettre la miséricorde, je l'aurais constatée.

Octave Albuzzi, toi qui viens d'être délivré de la prison douloureuse de ton corps par la miséricorde divine, tu as été un grand artiste, c'est-à-dire un élu du petit nombre de ceux que le Créateur convie aux perpétuelles et magnifiques fêtes de la nature ; un de ceux pour qui la lumière, la brise, les arbres, la mer, le ciel, ont des harmonies et des langages que ne voient pas et n'entendent pas les autres hommes. Va-t'en maintenant là où ton âme vivait déjà, toute retenue qu'elle était par les chaînes d'une chair souffrante, va-t'en voir face à face le Dieu que tu entrevoyais là où le vulgaire ne voit que des nuages et des brouillards ; ce Dieu dont tu voyais l'empreinte dans une feuille d'arbre dont tu voyais la grandeur dans un brin d'herbe, le regard dans un rayon de soleil, la voix dans le bruit des eaux et des cimes vertes.

Pendant que ton corps, rendu à la terre, va se mêler à l'herbe, aux feuillages, aux fleurs, ton âme va se fondre dans ce beau soleil par lequel elle se sentait si puissamment attirée. Tu vas devenir, dans le sein de Dieu, tout ce que tu aimais, tout ce que tu admirais, tout ce qui faisait ta joie et te faisait oublier tes douleurs.

Non, Dieu ne passe pas son éternité à écouter aux portes de nos maisons ce que nous disons de lui.

Ceux-là qui admirent ses œuvres, ceux-là qui ne trouvent de beau que ses œuvres, dédaignent et les fausses richesses et les fausses gloires, ne sont ni rapaces, ni envieux, ni méchants ; ceux-là sont plus près de Dieu que les autres hommes ; ceux-là sont des élus.

XXI

A FRANÇOIS PONSARD

J'ai félicité la jeunesse de Nice de la noble intelligence et du bon sens qui l'empêchent de réserver les palmes pour la tombe des poëtes.

J'ai félicité aussi Giuseppe Dabray, — il me pardonnera de lui supprimer le monsieur; on ne dit pas M. Tasse, M. Camoëns, M. Boccace; — j'ai félicité Giuseppe Dabray du rare bonheur qui lui était réservé de commencer l'immortalité de son vivant et d'être, contrairement au proverbe, prophète (*vates*) dans son pays.

Je sais bien que l'envie a monté une opiniâtre cabale contre cette grande renommée, je sais bien que ses sifflements sinistres essaient de se mêler aux chants d'enthousiasme des amis de la poésie ; mais le coassement des grenouilles dans leurs marais fangeux est l'accompagnement obligé d'une belle soirée d'été.

J'espère que Giuseppe Dabray, des hauteurs où plane sa grande et sereine intelligence, entend les rossignols ses frères, mais n'entend pas les grenouilles ses envieux. Quoi qu'il en soit, — et ce doit être une grande joie et un grand triomphe pour les poëtes de tous les pays, — une éclatante justice est rendue de tous côtés à celui qu'un jeune poëte niçois appelait dernièrement le cygne de l'Italie.

Il y a six mois, Giuseppe Dabray reçut avis qu'une société avait été fondée à Londres pour le perfectionnement et la protection des animaux.

Cette société n'avait pas tardé à étendre ses attributions. — C'est aux animaux, avait dit un honorable baronnet, que la sculpture emprunte souvent ses plus beaux modèles. Le rossignol n'est-il pas le chantre des bois et le poëte de la nuit? Les dauphins qui sauvèrent Arion, les animaux qui suivaient Orphée, ne firent-ils pas preuve d'une grande intelligence des arts? N'a-t-on pas fait les premières lyres avec l'écaille des tortues (*testudines*), et les cordes des instruments sont-elles, oui ou non, fournies par des animaux? Ne vit-on pas sous l'empire romain des éléphants danser sur un théâtre? Le singe n'est-il pas le maître de l'homme dans les arts mimiques? Le castor n'a-t-il pas été le premier architecte? L'abeille n'est-elle pas un grand chimiste? N'est-ce pas aux oies que Molière, Corneille, Voltaire, Boileau, etc., ont emprunté leurs plumes immortelles? La queue de l'écureuil ne fournit-elle pas des pinceaux depuis un temps immémorial? Pour réhabiliter les animaux, les venger des injustices de l'homme, et remettre chacun à sa place, changeons le titre de notre société, avait dit l'honorable baronnet, et appelons-la désormais :

Société pour la promotion et la protection des animaux et des arts réunis.

En même temps qu'une lettre signée :

JOHN GLOSSER HOAXLEY of HOAXLEY HAOUT, esq.,

Secrétaire de la Société,

annonçait à Giuseppe Dabray les modifications apportées à la société, elle lui faisait savoir qu'il avait été élu membre de cette société à l'unanimité, moins une voix. En même temps on lui faisait parvenir des pièces de prose et de vers composés à sa louange par ses collègues enchantés.

Ainsi le docteur Archibald Syntax lui demandait la permission de traduire ses œuvres.

Lord Gibertson Becker, l'*esquire* Johnson, lord Will Margison Thackeray, le comte Douglas Zerroled, lui adressaient d'élégantes et poétiques félicitations.

Eh bien! que croyez-vous que fit l'envie? L'envie prétendit que la société pour la promotion et la protection des animaux et des arts réunis n'existait pas; elle nia l'existence de son illustre président, lord Beringham, vicomte de Clive, duc de Seringapatam, de John Glosser Hoaxley, *esquire et secrétaire* de la société, ainsi que des autres honorables membres dont je viens de citer les noms ; elle déclara leurs signatures fausses, leurs cachets apocryphes ; peu s'en fallut qu'elle refusât de reconnaître les timbres de la poste.

Ce n'est pas tout : une jeune et charmante personne, Marguerite Anderson, belle-sœur de M. le baron Hector de Testa Ferrata, lui envoya une couronne, — quelques personnes prétendent qu'elle y joignit son portrait, — ce que la discrétion et la modestie de l'auteur ont laissé dans le doute.

La glorieuse société fondée à Londres pour la promotion et la protection des animaux et des arts réunis a le bras long ; elle prit sous son égide la gloire de son nouveau membre comme sa propre gloire, et elle ne négligea rien pour la mettre en son jour.

Sir Robert Beringham mourut. Giuseppe Dabray le pleura et porta publiquement et austèrement son deuil, — ce qui n'empêcha pas l'envie de continuer à soutenir qu'il n'avait jamais existé.

Lord Beringham fut remplacé dans la présidence par S. E. lord Gonzague de Caximbao, duc de Herdfordshire, qui en fit part à Giuseppe Dabray, par une lettre autographe. Les relations du nouveau président en Espagne ne tardèrent pas à valoir au poëte niçois le titre de membre de l'université d'Alcantara. Les diplômes en langue espagnole, revêtus des cachets espagnols, n'ébranlèrent pas l'incrédulité systématique de l'envie ; elle nia l'existence de lord Caximbao.

Si je ne croyais indigne de Dabray et de moi-même de discuter contre cette secte d'envieux de mauvaise foi, je leur demanderais : 1° Comment un homme peut mourir s'il n'a pas existé.

Dabray a porté le deuil de lord Beringham, donc lord Beringham a existé.

Un homme qui n'existe pas peut-il succéder à quelqu'un ? Lord Caximbao a succédé à lord Beringham, donc lord Caximbao existe.

Mais c'est donner trop d'importance à de misérables puérilités, à de fallacieuses arguties.

Tout le monde sait que le titre de membre de l'académie d'Alcantara entraîne le droit de faire précéder son nom du *Dom* (*Dominus*). Mais que devint la cabale quand le bruit se répandit dans la ville qu'une pancarte en langue turque venait d'arriver sur un vaisseau génois, et que cette pancarte conférait à Giuseppe Dabray le titre de chevalier de première classe de l'ordre impérial des Dardanelles et de membre de l'université ottomane !

Il fallait nier ou se taire. L'envie ne se tut pas ; elle nia, je crois, le Sultan ; elle nia la Turquie ; elle nia l'ordre des Dardanelles.

Dabray a pris un parti énergique : il a publié le recueil de ses réponses à ses amis, collègues et admirateurs, il m'a fait l'honneur de m'en envoyer un exemplaire, et l'honneur plus grand d'y écrire quelques vers de sa main. Ces vers, pleins d'indulgence, ma modestie m'empêche de les reproduire ici, mais mon orgueil me les fera conserver pour mes descendants.

Sur le frontispice de son livre, en face de son portrait couronné de lauriers, Dabray a inscrit ses titres, non pour lui-même, mais pour la gloire éternelle de la ville de Nice, qu'il aime encore, malgré l'ingratitude aveugle d'une partie de ses habitants.

Voici la copie exacte de ce frontispice :

Nouveau recueil de poésies en deux langues, dédié a la société universelle fondée a Londres pour la promotion et la protection des animaux et des arts réunis, *et à la mémoire immortelle de feu son illustre président, lord Robert Beringham, vicomte de Clive, duc de Seringapatam, etc.*

Par Joseph Dabray, esquire, chevalier de première classe de l'Ordre impérial des Dardanelles, membre des Académies des Immobili d'Alexandrie; des Agrostoboli de Padoue, de la Royale Société Agricole Economique de Gênes, membre honoraire de celle Agricole Philosophique de la même ville, membre effectif de l'Université scientifique et littéraire d'Alcantara, et enfin membre assistant de l'impérial Oratoire littéraire et scientifique du Bosphore et de la grande Mahkamé (ou université) ottomane pour la culture des langues étrangères anciennes et modernes, qui siégent à Constantinople.

Prix : 5 francs.

Nice, imprimerie nationale E. Faraud et Cie, boulevard du Petit-Pont, 30, et rue du Marché, 7.

Il me semble que c'est clair.

Ce volume a eu un grand succès, quoique mis en lumière au moment du terrible tremblement de terre qui a, comme on peut le penser, préoccupé les habitants de Nice et les étrangers qui y résident.

Ce n'était pas le seul déboire réservé à la cabale.

Le théâtre de Nice devait donner une représentation au bénéfice d'une société de charité, — malheureusement dans la nuit qui précéda la représentation, eut lieu le tremblement de terre. — Que faire? Personne n'irait au théâtre. — La terreur était à son comble ; on demeurait sous les arbres et dans les fiacres. — On ne s'aventurerait pas dans un édifice sous lequel on pouvait être écrasé.

Quelqu'un eut une idée hardie, ingénieuse : elle fut adoptée avec enthousiasme.

On demanda à Giuseppe Dabray la permission de lire sur le théâtre une tirade de sa tragédie de *Pierre le Grand ou la Mort de son fils*, et une tirade de sa comédie de mœurs, les *Deux avocats*.

Cinquante vers de chacune.

Eh bien ! malgré la terreur du tremblement de terre, qui remplissait les esprits, — la salle se trouva comble ; on vit au théâtre des gens qui n'osaient pas entrer dans leur propre maison. — On a dit : Voir Naples et puis mourir. Eh bien ! il semblait qu'on voulût bien mourir après avoir entendu cent vers de Giuseppe Dabray.

Il faut dire que, cédant aux instances, il avait promis d'assister à la représentation. Il tint parole.

Décrire l'enthousiasme avec lequel on accueillit les vers et l'auteur, me serait impossible. On lui jeta des fleurs et des vers.

———

XXII

CONTRE EMMANUEL GONZALÈS

Quand j'ai appris que vous étiez à Monaco, mon cher Gonzalès, j'ai espéré que, sachant peut-être que j'étais à Nice, vous viendriez me serrer la main. Je ne savais pas alors l'horreur que cette ville vous inspire, et la terreur dont elle frappe votre cœur d'hidalgo, peu accessible à la crainte.

Décidément c'est avec raison que l'Europe surveille Monaco et ses projets ambitieux. L'année dernière, le duc de Valentinois, l'héritier présomptif, a failli s'emparer seul de Menton, et il y serait parvenu, sans aucun doute, si on ne l'eût pas mis au violon.

Cette année, de ce pittoresque et charmant nid de vautours usurpé par des tourterelles sauvages, vous pointez contre la pauvre ville de Nice des canons qui dorment depuis longtemps sur leurs affûts, et que l'on croyait mis là comme décor et pour l'agrément du paysage, et vous dérangez des monceaux de boulets soudés ensemble par la rouille.

Si vous connaissiez Nice et les Niçois, mon cher camarade, la générosité de votre caractère vous empêcherait de les attaquer. — Ils ne se défendront pas, — ils ont horreur de l'agitation, de l'effort de la lutte ; ce sont des chasseurs d'alouettes rôties.

En voici un exemple qui va vous toucher, et qui vous aurait fait rengaîner votre plume, si vous l'aviez connu. — L'industrie des Niçois consiste surtout à louer des appartements aux étrangers malades ou peureux du froid. — Eh bien ! l'année dernière, ils ont laissé dire pendant un mois dans les journaux de l'Europe qu'ils étaient décimés par la chaleur et mouraient comme ne meurent pas assez les mouches en cette saison. C'était leur ruine. Personne ne s'en est remué ; on croirait presque que c'est du désintéressement, et que, semblables aux Écossais d'opéra-comique, les Niçois donnent l'hospitalité et ne la vendent jamais. — Ce serait inexact. C'est moi qui, pour payer le bon accueil que j'ai reçu à Nice, ai dû rétablir les faits. J'ai constaté par des rapports officiels, que le choléra n'avait fait à la population de Nice que ce qu'une brise un peu forte fait aux arbres : elle fait tomber les fruits mûrs, les fruits véreux, les fruits gâtés, les fruits mal conformés. — La chaleur n'a tué à Nice que quelques enfants faibles, quelques vieillards affaiblis, quelques malades sans résistance, en un mot, les gens qui attendaient un prétexte et une occasion pour s'en aller. — Maintenant j'avouerai que si on additionne le très-peu de morts et le nombre immense de malades que chaque médecin a guéris, on arrive à un total qui atteint et au delà le double de la population de Nice. — Il doit y avoir là un peu d'exagération de la part de gens qui s'occupent autant de vivre du fléau que d'empêcher les malades d'en mourir.

Sans être plus désintéressée pour cela, la fraction du peuple niçois qui s'est faite aubergiste est d'une indifférence et d'une apathie qui la livrent sans cesse à l'âpre concurrence des autres populations hospitalières.

Les hôteliers de Naples, qui ont en ce moment une éruption du Vésuve, que je crois vraie, savent au besoin en annoncer de fausses dans tous les journaux de l'Europe, et ne manquent jamais de publier à tout hasard « les signes certainement précurseurs de la plus terrible « éruption qui ait jamais eu lieu. »

On sait avec quelle adresse les établissements de bains de mer jettent du discrédit les uns sur les autres. Dieppe annonce que Trouville n'est pas au bord de la mer, et qu'on n'y prend, en réalité, que des bains de sable et d'eau douce. Trouville enregistre les gens qui se noient devant les jetées du Havre. Le Havre répand le bruit qu'à cause de l'ancienne protection de madame la duchesse de Berry, Dieppe est une ville suspecte, et que les étrangers y sont soumis à une rigoureuse surveillance.

— Il y a au Havre des galets qui meurtrissent les pieds, dit Trouville.

— Il y a à Trouville de la vase qui vous oblige, après le

bain, à prendre un second bain pour vous laver, répond le Havre.

— N'allez pas en tel ou tel endroit, disait telle autre localité, sous Charles X, sous Louis-Philippe : la cour y est; l'étiquette y est gênante, on y fait plus de toilette qu'à Paris, on ne s'y peut baigner qu'en caleçon de toile d'or.

— N'allez pas à......, disaient au contraire ceux de..., il n'y a pas d'étiquette du tout ; la corde qui séparait les deux sexes a été rompue cet hiver, et le conseil municipal ne l'a pas fait remplacer.

— N'allez pas à......, écrivait volontiers aux journaux Césaire Blanquet, le célèbre hôtelier d'Etretat : la baie est pleine de requins ; il paraît même qu'on a pris un crocodile dans la rivière.

— Certes, d'aller à Etretat, cela n'a plus de couleur, c'est le rendez-vous des canotiers parisiens, dirait le Blanquet de telle autre bourgade, s'il pouvait y avoir deux Blanquet.

O mon cher Etretat, comme je prendrais ta défense, si tu en avais besoin et si tu n'étais pas trop plein ! O mes bons amis, mes compagnons ! vous seuls dans toute ma vie m'avez pardonné le peu de bien que j'ai pu vous faire ! Je dirai plus, quelques-uns ont gardé de l'amitié pour moi.

Vous savez de quels éloquents discours les bains, casinos, maisons d'eau et de jeu ornent leurs prospectus.

Hélas ! la pauvre ville de Nice n'est pas de la force de ces gens-là. Au mois d'octobre, elle balaye ses maisons et ouvre ses persiennes, puis elle attend les voyageurs.

J'ai cru prudent d'annoncer, dans le temps, que le tremblement de terre n'avait produit à Nice qu'une grande peur. Comme j'avais rectifié les bruits mensongers sur la chaleur, on aurait peut-être dit que Nice avait disparu, qu'elle était enfouie comme Pompéia ; on l'aurait rayée des itinéraires et des géographies. Nice n'aurait pas soufflé le mot ; elle aurait balayé ses maisons et ouvert ses persiennes au mois d'octobre. Il ne serait plus venu de voyageurs, elle aurait fermé les persiennes et cessé de balayer au mois de mai, pour recommencer à balayer et à ouvrir les persiennes au mois d'octobre. Personne n'y serait plus jamais venu, Nice n'en aurait peut-être pas cherché les causes, et à coup sûr n'aurait même pas essayé de les combattre.

Qui sait si les aubergistes des autres pays échelonnés sur le passage de ces oiseaux appelés étrangers, qui doivent quelques plumes à chacun, ne vont pas, votre article à la main, dire : « Nice n'existe plus ; le trem-
« blement de terre a renversé toutes les maisons et tué
« le tiers des habitants ; un autre tiers avait été enlevé
« par le choléra ; le troisième et dernier tiers se compo-
« sait de phthisiques qui sont morts de fatigue après avoir
« enterré les morts, et qui n'ont dû eux-mêmes d'être
« enterrés qu'à l'obligeance des habitants de Monaco ? »

Eh bien, les Niçois ne répondront pas, ne diront rien, ne se défendront pas.

Ce n'est pas seulement à propos du choléra et du tremblement de terre que vous avez été mal renseigné ; mon cher Gonzalès, on vous a trompé sur le massacre des phthisiques, dont on vous a fait croire les cimetières encombrés.

Il ne meurt pas des phthisiques, à Monaco. C'est vrai, je le veux bien. Il en meurt quelques-uns à Nice, je l'admets encore, mais vous en donnez une très-bonne raison au commencement de votre chapitre : c'est qu'on envoie des phthisiques à Nice et qu'on n'en envoie pas à Monaco. Pour qu'il sorte de l'huile ou de la farine d'un moulin, il faut y mettre du blé ou des olives.

Certains médecins n'envoient leurs clients à d'autres médecins, c'est-à-dire n'envoient leurs malades à trois cents lieues d'eux et de leurs visites, que dans deux cas seulement : l'un, quand ce sont des gens de bonne foi, qui comprennent que si leurs malades guérissent, ce ne peut être qu'à l'abri de leurs erreurs ou de leur ignorance ; l'autre, quand ce sont des hommes prudents, qui passent les malades désespérés à des confrères, comme on passe l'allumette au jeu de *Petit bonhomme vit encore*, comme on passe à d'autres gogos les coupons de certaines actions, etc.

Il n'y a pas de cimetière des Anglais, que vous conseillez d'aller voir, encombré à la Croix-de-Marbre. Il y a, à la Croix-de-Marbre, un très-petit cimetière non encombré qu'on appelle cimetière des protestants.

A Paris, on confond facilement protestants et Anglais, et cela sans beaucoup d'inconvénients. Il n'en est pas de même dans le Midi, où les protestants, les Vaudois, etc., forment une partie de la population.

Mais votre article est lancé, il n'est plus temps de le retenir; les 400,000 lecteurs du *Siècle* en ont causé chacun avec dix personnes, dix millions de lecteurs savent aujourd'hui ce que vous avez dit de Nice et de Monaco. Tous les malades et tous les frileux qui voulaient passer à Nice l'hiver prochain ont changé d'idée et forment le projet d'aller à Monaco. — A vous tous nos phthisiques; faites faire d'avance un cimetière des Anglais pour ces blanches filles d'Albion, dont la beauté jettera chez vous ses derniers rayons. — On ne mourra plus de la phthisie ni du choléra à Nice, on y mourra de faim, car les étrangers sont le patrimoine de la plus grande partie des habitants.

Mais où les mettrez-vous, tous ces étrangers, dans cette pittoresque bonbonnière de Monaco ? Aurez-vous le temps et surtout aurez-vous le terrain nécessaire pour construire des maisons, des caravansérails, des hôtels ? Quoi que vous disiez par erreur, j'en atteste les beaux citronniers de vos jardins ; ceux de Nice ont souffert depuis trois ans ; quoique vous disiez qu'il fait plus chaud à Nice qu'à Monaco, je suis d'une opinion contraire, et cependant on ne peut faire coucher des malades ni des frileux sous des orangers.

Et que deviendra, je vous le demande, cette vie à bon marché, quand vous serez devenus aubergistes à Monaco? Que deviendront ces mœurs pures? Que deviendra même la majesté de vos princes devant un peuple d'étrangers sceptiques, frondeurs, qui mesurent peut-être la grandeur des potentats à l'étendue de leur territoire?

Croyez-moi, mon bon camarade, laissez chacun avec son lot. On ne peut tout avoir. Vous avez, dites-vous, des centenaires et des lépreux; de quoi seriez-vous jaloux? Laissez les phthisiques à Nice et gardez vos lépreux; les lépreux sont rares, tandis que les phthisiques ne sont que trop communs. Votre part est belle, ne l'exposez pas. Que deviendriez-vous si Nice, dépouillée de ses phthisiques, vous allait prendre vos lépreux? c'est pourtant la chance que vous courez.

J'ai défendu de mon mieux, et peut-être sans succès, cette ville hospitalière. Maintenant, comme ami de la vérité, je dois repousser deux flatteries que vous adressez, l'une à la ville de Nice, l'autre au Paglion. Hélas! vous croyez, parce qu'on est fleuve, qu'on est obligé d'avoir de l'eau? Le Paglion est l'endroit le plus sec de Nice; on y joue aux boules et on y étend le linge pour le faire sécher. Le Paglion n'a de l'eau que quand il pleut; autrement c'est un large chemin pavé de rochers et plein de cailloux. On n'y a jamais vu un poisson, mais les lézards y fourmillent. Vous parlez également de l'humidité du climat.

Qu'est-ce que l'humidité d'une ville où le fleuve lui-même n'est pas humide, où l'année dernière il a plu deux fois en neuf mois ? L'humidité, grand Dieu ! Dites-moi où elle est, je l'achèterai en gros, je la revendrai en détail, et vous aurez fait ma fortune ; cela diminuera vos remords d'avoir ruiné Nice. Pauvre Nizza marittima ! Je vous en veux autant de n'être pas venu jusqu'à Nice que de l'avoir détruite.

FIN

TABLE DES MATIÈRES

Pages.

I
A Léon Gatayes.................................... 1

II
A Alphonse de Lamartine...... 17

III
A Émile Péan...................................... 45

IV
A M. Tourret, ancien ministre de l'Agriculture............. 57

V
A Victor Hugo..................................... 94

VI
A Léon Gatayes.................................... 110

VII

A Eugène Karr.. 126

VIII

A Achille de Vaulabelle... 135

IX

A Alphonse Lebâtard... 139

X

A ma mère... 160

XI

A Alphonse Darne.. 178

XII

A Gustave Patras.. 192

XIII

A Jeanne.. 207

XIV

A Édouard Feray... 213

XV

La grotte de Saint-André à Nice; lettre à Ph. Busoni........... 217

XVI

A Léon Gatayes.. 223

XVII

A Théophile Gautier... 233

XVIII
Au comte d'Alton-Shée.................................. 238

XIX
Nouvelle.. 253

XX
A Th. Gudin.. 258

XXI
A François Ponsard..................................... 262

XXII
Contre Emmanuel Gonzalès.............................. 270

FIN DE LA TABLE DES MATIÈRES.

COLLECTION MICHEL LÉVY

VOLUMES PARUS ET A PARAITRE
Format grand in-18, à 1 franc

A. DE LAMARTINE vol.
Les Confidences...... 1
Nouvelles Confidences.. 1
Toussaint Louverture.. 1

THÉOPHILE GAUTIER
Les Beaux-Arts en Europe............ 2
Constantinople......... 1
L'art moderne......... 1
Les Grotesques........ 1

GEORGE SAND
Mauprat.............. 1
Valentine............ 1
Indiana.............. 1
Jeanne............... 1
La Mare au Diable.... 1
La petite Fadette.... 1
François le Champi... 1
Teverino............. 1
Consuelo............. 3

GÉRARD DE NERVAL
La Bohème galante.... 1
Le Marquis de Fayolle. 1
Les Filles du Feu.... 1

EUGÈNE SCRIBE
Théâtre, tomes 1 à 12. 12
Nouvelles............ 1
Historiettes et Proverbes 1
Piquillo Alliaga..... 2

F. PONSARD
Études antiques...... 1

HENRY MURGER
Le dernier Rendez-Vous. 1
Le Pays Latin........ 1
Scènes de campagne... 1

CUVILLIER-FLEURY
Voyages et Voyageurs. 1

ÉMILE AUGIER
Poésies complètes.... 1

Mᵐᵉ BEECHER STOWE
Traduction E. Forcade.
Souvenirs heureux.... 1

ALPHONSE KARR
Les Femmes........... 1
Agathe et Cécile..... 1
Promenades hors de mon Jardin.............. 1
Sous les Tilleuls.... 1
Les Fleurs........... 1

LOUIS REYBAUD
Jérôme Paturot....... 1
Le dernier des Commis-Voyageurs.......... 1
Le Coq du Clocher.... 1
L'Industrie en Europe. 1

Mᵐᵉ É. DE GIRARDIN vol.
Marguerite, ou deux Amours............. 1

PAUL MEURICE
Scènes du Foyer...... 1

CHARLES DE BERNARD
Le Nœud gordien...... 1
Gerfaut.............. 1
Un Homme sérieux.... 1
Les Ailes d'Icare.... 1

HOFFMANN
Traduction Champfleury.
Contes posthumes..... 1

ALEX. DUMAS FILS
Aventures de quatre Femmes............. 1
La Vie à vingt ans... 1
Antonine............. 1
La Dame aux Camélias. 1

JULES LECOMTE
Le Poignard de Cristal. 1

X. MARMIER
Au bord de la Newa... 1

FRANCIS WEY
Les Anglais chez eux. 1

J. AUTRAN
La Vie rurale........ 1

PAUL DE MUSSET
La Bavolette......... 1

EDMOND TEXIER
Amour et Finance..... 1

ACHIM D'ARNIM
Traduct. Th. Gautier fils.
Contes bizarres...... 1

ARSÈNE HOUSSAYE
Les Femmes comme elles sont............... 1

LE GÉNÉRAL DAUMAS
Le grand Désert...... 1

H. BLAZE DE BURY
Musiciens contemporains 2

OCTAVE DIDIER
Madame Georges....... 1

ÉMILE SOUVESTRE vol.
Un Philosophe sous les toits.............. 1
Confessions d'un Ouvrier 1
Au coin du Feu....... 1
Scènes de la Vie intime. 1
Chroniques de la Mer. 1
Dans la Prairie...... 1
Les Clairières....... 1
Scènes de la Chouannerie 1
Les derniers Paysans. 1
Souvenirs d'un Vieillard. 1
Sur la Pelouse....... 1
Les Soirées de Meudon. 1

JULES DE LA MADELÈNE
Les Ames en peine.... 1

LÉON GOZLAN
Les Châteaux de France. 1
Le Notaire de Chantilly. 1
Polydore Marasquin... 1

FÉLIX MORNAND
La Vie Arabe......... 1

EDGAR POE
Traduct. Ch. Baudelaire.
Histoires extraordinaires 1
Nouvelles Histoires extraordinaires....... 1

A. VACQUERIE
Profils et Grimaces... 1

CHARLES BARBARA
Histoires émouvantes. 1

A. DE PONTMARTIN
Contes et Nouvelles.. 1
Mémoires d'un Notaire. 1
La fin du Procès..... 1
Contes d'un Planteur de choux............. 1

HENRI CONSCIENCE
Traduct. Léon Wocquier.
Scènes de la Vie flamande............. 2
Le Fléau du Village.. 1
Les Veillées flamandes. 2
Le Démon de l'Argent. 1

DE STENDHAL (H. Beyle)
De l'Amour........... 1
Le Rouge et le Noir.. 1
La Chartreuse de Parme. 1

MAX RADIGUET
Souvenirs de l'Amérique espagnole......... 1

PAUL FÉVAL
Le Tueur de Tigres... 1

MÉRY vol.
Les Nuits anglaises.. 1
Une Histoire de Famille 1
André Chénier........ 1
Salons et Souterrains de Paris............. 1

LOUIS DE CARNÉ
Un Drame sous la Terreur............... 1

CHAMPFLEURY
Les Excentriques..... 1
Premiers Beaux Jours. 1

H. B. REVOIL (Traducteur)
Les Harems du Nouveau-Monde............. 1

ROGER DE BEAUVOIR
Le Chevalier de Saint-Georges............ 1
Aventurières et Courtisanes........... 1
Histoires cavalières. 1

GUSTAVE D'ALAUX
L'empereur Soulouque et son Empire...... 1

XAVIER EYMA
Les Peaux-Noires..... 1

HILDEBRAND
Traduct. Léon Wocquier.
Scènes de la Vie hollandaise........... 1

AMÉDÉE ACHARD
Parisiennes et Provinciales............ 1

CHARLES DE LA ROUNAT
La Comédie de l'Amour. 1

ALBÉRIC SECOND
A quoi tient l'amour.. 1

Mᵐᵉ BERTON (née Samson)
Le Bonheur impossible. 1

NADAR
Quand j'étais Étudiant. 1

MARC FOURNIER
Le Monde et la Comédie 1

JULES SANDEAU
Sacs et Parchemins... 1

Paris. — Typ. de Mᵐᵉ Vᵉ Dondey-Dupré, rue Saint-Louis, 46.

www.ingramcontent.com/pod-product-compliance
Lightning Source LLC
Chambersburg PA
CBHW060127190426
43200CB00038B/1073